외화벌이

● 서성조 자전수필

작가의 말

 그 누구한테 한 치의 앞날을 물어봐도 대답이 없는 것, 그것이 세상살이가 아닌가?
 아마 세상살이가 그만큼 어려우니, 그 누구도 현명한 대답도 없이, 무거운 침묵으로 일관한 것이 아닌가 싶다. 그런데 그 어려운 세상살이를 사는데 연습 한 번도 없이 실전으로 살아야 하니, 우리들은 숱한 시행착오로 희비애락을 겪으며 가야만 하니…
 해서 우리는 혼자는 살 수 없어서, 이웃이란 것이 있다. 서로 이해와 사랑으로 살아야만, 나도 하다못해 기회가 찾아올 수 있는 확률이 높다. 남한테 상처를 줘서는 아니 되며 '탐(貪)-진(瞋)-치(痴)'를 완전히 떨쳐버릴 수 있는 것은 죽음밖에 없으니, 한 단계가 아니라 서너 계단을 낮춰서 서로 격려와 사랑으로 삽시다.

차례

작가의 말   3

1부 지중해

외화벌이	10
전국노래자랑!	11
구사일생	17
메이드 인 코리아 첫 유럽 진출	20
유럽까지 진출한 합판	23
동서양의 문화 차이	28
지중해	34
종착항 HAMBURG항	40
졸지에 트러블 메이커가 되어	50
동아프리카	60
회항하며	73

2부 김치 좀 주세요	차범근 씨 때문에	80
	고집불통	87
	배고파 못 살겠다!	91
	선장의 아픈 이	94
	하늘에다 침을 뱉어 봐라?	101
	김치 좀 주세요	107
	K-FOOD	110
	휴가	111
	1등항해사 직책을 탈환	114
	드디어 휴가	118
	아버지의 눈물	123
	부모님	126

3부 세상은 좁다

아흔아홉 마리의 양보다
길 잃은 한 마리의 양이
중하다란 하나님의 말씀   134

세상은 좁다   155

천지개벽   162

결혼   175

어른도 애한테 배운다   189

민주화를 위해서   191

죽으란 법은 없다   193

인간의 삶   195

일본에서는 한국 자동차가 보이지 않는다   198

4부 한국의 저력		
	잘못 낀 첫 단추	200
	한국의 저력	212
	연말을 보내며	225
	복수의 칼을 갈다	237
	재수 없는 사람은 정자 밑에서 깨닫다	240
	뺏겨버린 하나밖에 없는 아들	243
	이혼	244
	운명의 장난	246
	황천길	250
	분노의 폭발	255
	부모님의 끝 없는 사랑	261

1부

지중해

외화벌이

외화벌이는 파독 광부와 간호사뿐만 아니라, 송해 씨의 말대로 검푸른 파도 밭에서 선원들이 외화벌이하는 것으로도 부족해서, 숨쉬기 힘든 중동 사막의 뜨거운 모래바람 속에서 열심히 일을 했으며(이때 한국근로자들의 근면 성실과 기능을 인정받아 오늘날까지도 긴밀한 파트너가 되고 있음), 후에는 월남 전쟁의 밀림 속에서 하나뿐인 생명까지 담보로 외화벌이를 했다. 이 고된 외화벌이들이 오늘날 한국의 큰 밑거름이 되었으니…

전국노래자랑!

여러분 안녕하세요~
다시 한번!
여러분 안녕하세요!
전국노래자랑 송해 인사드립니다.
전국에 계신 노래자랑 가족 여러분 안녕하십니까?
그리고 국내외 모든 근로자 여러분들 또 이역만리 해외에서 내일의 희망 속에 열심히 살아가는 해외 우리 동포 여러분 그리고 멀리서 외항선을 타고 태극기 휘날리며 오대양을 누비는 외항선원 여러분도 안녕하셨습니까!

왜, 전국 노래자랑 할 때마다 국민 사회자 송해 씨가 외치는 해외근로자 여러분 그리고 오늘도 검푸른 파도와 싸우는 외항선원 여러분 하고 외치지 않던가. '태극기 휘날리며 오대양을 누비는 외항선원 여러분 안녕하세요' 하고 꼭 인사를 하지 않던가. 선원과 어떤 인연으로 꼭 인사를 하는지 알 수 없지만, 송해 씨는 뭔가 알고 있는 우리의 국민 사회자였다.

그렇다.

선원들은 그 당시 건강한 몸 하나, 괴나리봇짐(책과 입을 옷 그리고 밑반찬) 하나 들고 언어도 제대로 통하지 않고, 기후도 맞지 않고, 음식문화도 생소한 유럽까지 가서 검푸른 파도 밭에서 싸우며 조국을 위해 외화벌이를 이를 악물고 참 열심히 했다(이역만리 먼 나라까지 가서 유일한 낙은 선원들이 근무하다 만기 되어 교대자가 가지고 온 비디오테이프의 전국노래자랑을 보는 것이 유일한 낙이었다).

외화벌이에는 독인 간호사 그리고 파독 광부들이 기꺼이 참여했고 이들보다 먼저 나가 외화벌이한 사람들은 선원들이었다. 그러나 근대사 외화벌이 이야기를 할 때는 우리 선원들의 공을 이야기하는 방송은 못 봤다. 내가 죽도록 고생해서 번 돈은 조국을 위해서 가불도 엄격히 제한했으니. 제대로 먹기나 했겠는가. 그리고 무슨 쇼핑을 하겠는가.

70년대 초만 해도 국내 국제공항이 김포였는데 출국자가 10명도 채 안 되었다. 하지만 오늘날은 김포공항이 영종도 인천공항으로 이전해 하루에도 몇십만이 이용하니 참으로 감개무량하다.

송해 씨는 95세에 세상을 등졌다. 코로나 확진 판정도 이겨내고 전국노래자랑 MC 자리를 지키다 자리를 비운 지 4개월 만이었다. 항상 '멀리서 외항선을 타고 태극기 휘날리며 오대양을 누비는 외항선원들 여러분도 안녕하셨습니까!' 하던 목소리가 귀에 생생하다. 그렇게 멋진 인생을 사신 분도 어이없게 세상을 등졌으니…

오늘날에는 대한민국의 조선업이 세계의 강국이라니 이 얼마나 대단한가.

이 조그마한 나라에서 70년 초만 해도 배를 제대로 만들지 못했다. 영도에 있는 조선소에서 배(모든 자재는 독일에서 조달)를 조립도 못 해 결국은 제3국(싱가포르)으로 가져가 만든다고 독일 선주들이 가려고 했다. 이건 한국 자존심 문제라며 겨우 설득하에 울산의 현대조선소로 끌고 가서 겨우겨우 억지로 3척을 조립하여 완성했다. 조립하는 과정에서도 숱한 시행착오는 이루 말로 다 표현할 수 없다.

이것은 한국의 조선업 발전에 큰 밑거름이 되었다.

배가 거의 완성 단계가 되니 선원들도 승선했다.

선장, 기관장, 전기사는 독일인이 승선하고 나머지는 한국 선원이었다. 독일 배에 처음 승선하는 선원들이니, 한국 선원들의 이미지도 있었다. 허나 더 큰 목적은 유럽에 한국 선원들의 진출 즉 외화벌이였다. 해서 영어도 소통할 수 있고 또 나름대로 실력자들을 모집하여 승선시켰다.

어찌 되었든 울산현대조선에서 배를 만들어 첫 출항지는 부산의 감천에 있었던 동명 목재에서 합판을 싣고 출항했다. 처음으로 유럽의 독일 선원과 승선하게 되었다. 특히 독일 선장은 키가 너무 커서 매번 문에 머리를 찧을 정도였다. 특히 그 당시 동양에서는 여자가 배에 승선하는 것은 재수 없다 하여 금기시했는데, 마누라로 부족해서 딸까지 아무렇지도 않게 승선을 했으니…

한국 선원들도 유럽 배는 처음이었다. 선원들은 나름대로 실력자들을 모집하여 승선을 시켰다. 또 봉급이 좋고 특히 선원들은 오버타임이란 임금까지 있었다. 또 1, 2, 3차선 중에서도 선발대가 된 우리 선원들은 유럽의 배와 풍습을 습득에 주력했다.

나는 2등항해사로 승선했으니 업무 습득에 주력하며 시간 나는 대로 갑판에 나가 선원들과 갑판 일도 주력했다. 선장은 나를 불러 의무실의 의약품을 담당하라고 지시한다.

통상 아시아 쪽에서는 의약품을 3등항해사가 취급하는데 나보고 하라니, 이게 나로서는 첫 단추부터 잘못 낀 꼴이 되었다. 그래서 거절하니 이 선장은 어이없는 표정을 지으며 고개를 절레절레 흔들어 댄다.

다음날 되니 회사의 감독이 나를 불러서 유럽은 2등항해사가 의약품을 취급하고 또 3등항해사는 배를 처음 승선하는 선원이니, 승선 경험이 있는 2등항해사가 해야 한다고 설득했다. 듣고 보니 이해가 가고 또 회사 사람까지 와서 이야기하는데 못한다고 하면 여러 가지로 난처하여 부득이 하겠다고 해서 일달락됐다. 유럽 배가 되다 보니 의무실도 완전히 독립되어 있으며, 독일에서 직송된 그 시대는 어마어마한 의약품과 기구들을 어떻게 배치와 정리를 해야 할지 엄두가 나지 않았다.

배치 설명서도 의약품 설명서도 전부 독일어니 내 수준의 실력으로는 도저히 손댈 엄두도 나지 않았다. 또 그 당시의 아시아 선박들은 의무실이 따로 없었으니, 의약품도 몇 가지 정도 3등항해사 방에 비치하는 수준이었다. 그러니 나뿐만 아니라 그 누가 와도 턱없는 일이었다. 내 영어 수준으로 정리는 턱없고 해서 회사 사람한테 이야기하고, 회사는 선장한테 이야기하니 그러면 자기 딸하고 정리하라고 한다.

나는 내 팔자에도 없는 여자 그것도 유럽 여자와 같이 의무실에서 둘이서 일을 하게 되어 졸지에 선원들의 부러움의 대상이 되어버렸다. 그런데 이 여자도 지 애비를 닮아서 키가 컸다. 동양에서는 남녀칠세부동석이라고 했는데, 매일 의약품실과 치료실에서 함께 보내야 하니 이게 보통 일이 아니다.

둘이서 밥만 먹고 의무실에 와서 하나에서 열까지 정리를 해야 했다. 나는 그 당시의 대한민국 표준치의 키였고, 만기 제대까지 한 사람인데도 어림도 없었다. 흥미가 나지도 않는데도 선원들은 남 속도 모르고 부러워 만날 때마다 놀려댔다. 이런 속에서 선장 딸 덕분에 의약실을 정리하고 보니, 내가 생각해도 참 대단했다. 요즈음 한국에서도 건강에 좋다 하여 맞는 알부민이란 주사약까지 비치되어 있으니 그저 입이 쩍 벌어진다.

구사일생

 우여곡절을 겪으며 습득하고 이제부터는 제1차선이 실전에 투입되는 출항을 하게 됐다. 출항 직전에 최종 점검 차 발라스트(평형수) 탱크를 점검하는 과정에서 제2발라스트 탱크에 평형수가 들어오지 않았다. 부득이 확인하기 위해서 메이커의 독일 전문가 2명이 화물창에 있는 맨홀을 열고 밸브 확인 차 2명이 들어가고, 나보고는 맨홀 구멍에 서서 당직을 서라 했다.

 독일 전문가 2명은 탱크 내로 둘이서 들어갔다.

 들어가서 밸브의 무엇을 손댔는지 갑자기 인정사정없이 탱크에 엄청난 속도로 물이 차오르기 시작했다. 물 들어온다고 고함 질러봐도 물 차오르는 소리에 소용도 없으며, 최신 장비인 워키토기(무선전화기)로 선교의 선장에게 상황을 보고하니, 선교에서는 중지시켰다고 하는데도 탱크 내에는 계속

물이 차오르고 있었다. 그렇다고 구조한다고 물이 차오르는 탱크 내로 들어갈 수도 없는 노릇이었다. 속된 말로 '미치고 환장할 노릇'이었다. 이게 바로 완전히 제 맘대로 작동하는 오토매틱 시스템이다(통상 바라스트 주입이 필요하면 기관실에 연락하여 탱크 내에 주입하면 기관실에 밸브를 개폐하여 주입 혹은 배출을 하게 되는).

최신 설비의 자동화 발라스트시스템으로서 작동 개폐를 선교에서 통제하도록 설계된 것인지라, 선박에 종사하는 많은 사람이 입소문을 듣고 견학하러 왕래도 했는데, 이런 자동 시스템이라면 생사람 딱 잡게 생겼다. 탱크 내로 들어간 독일 전문가 두 사람이 허겁지겁 사력을 다하여 물속에서 기어 나왔다. 그 모습이 완전히 물에 빠진 생쥐 꼴이었다. 구사일생으로 기어 나와서 둘 다 화물창 바닥에 쓰러지고, 나 역시 머리털 나고 처음으로 얼마나 긴장했는지 주저앉고 말았다. 여태껏 구경도 못 하던 자동 발라스트 시스템을 설치한다고 까딱 잘못했다가 생사람을 잡을 뻔했으니…

이때는 일할 자리도 없고 먹고살기도 어려워서 처자식 먹여 살린다고, 돈 번다고 일본으로 밀항까지 해야만 하는 절박한 심정으로 기꺼이 발라스트 탱크까지 들어가(선원에게 돈을 주고) 밀항했으니, 거기 들어갔다가 기상 악화로 발라스트를 주입하여 탱크 내에서 죽었다고 선원들 사이에서는 널리 입소문 퍼져 있었다.

참고로 발라스트는 한 탱크 내에 겹겹의 칸으로 이루어져 있다. 이는 강도와 유동수의 방지를 위해서였다.

메이드 인 코리아 첫 유럽 진출

 숱한 시행착오를 겪어가며 순조로운 진행이 아니라 억지로 짜 맞춰 완성하여 제1차선이 유럽을 향해서 출항까지 하게 되었다. 참으로 감개무량하며 또한 1차선으로써 한국 선원이란 사명감에 어깨가 무거웠다.
 첫 항이 감천동 동명목재소에서 대한민국의 합판을 싣고, 2번째 항은 군산항에서 싣고 유럽에 가게 되었다. 이때가 대한민국의 합판이 세계 시장까지 진출하는 시대였다. 부산 감천항에 도착하니 이 업종에 종사하는 사람들이 독일 배 즉 유럽의 배를 구경하기 위해서 줄을 섰다. 참으로 바쁜 나날들이다. 회사에 근무자들도 이 배를 그것도 한국인이 만든 배를 보기 위해서 사장부터 배로 출근하니 다 따라서 감천동 배로 출근을 했다. 심지어 독일 선사의 대표도 첫배를 보기 위해서 그 먼 한국까지 날아와서 배를 나름대로 점검하고 자기들끼리 한국에서 만든 배를 평가했다.

꺽다리 그 선장도 그들을 앞에서 만든 과정과 앞으로 운항 등을 열심히 설명하다가, 우리 한국 선원들도 평가하면서 1등항해사가 영어를 못하니 한국을 출항하기 전에 교체해 달라고 독일 대표 사장들과 한국 선원의 사장과 임원들 앞에서 건의하고 나섰다.

한국 회사도 나름대로 처음으로 승선시키는 독일 배인지라 신경을 썼다. 특히 1등항해사는 한국 선원의 대표 사관인지라 경력도 풍부하고, 해군에서 미국 유학까지 다녀온 1급 회사에서 근무하고 있는 1등항해사를 스카우트해서 승선시켰는데, 영어 못하니 교체해 달라니. 우리 입장에서는 억장 무너지는 난감한 일이 출항하기도 전에 벌어진 것이다.

해서 나는 그들 앞으로 나가 "영어는 제가 제일 못한다." 말하니 웃음바다가 되고, 그 키다리 선장의 얼굴은 차마 눈 뜨고는 못 볼 인상으로 순식간에 변해버렸다. 하지만 영어를 제일 못한다는 2등항해사인 나를 어쩔 것인가.

1등항해사는 경력도 풍부하고 미국까지 가서 공부했고, 3등항해사는 비록 처음으로 승선하지만, 서울에서 영어교사를 하다가 봉급 많은 소위 외항선원이란 것에 유혹되어 승선했다. 그러나 난 고작 3등항해사 경력 1년이란 걸로 승선했으니, 내가 제일 영어를 못한다고 봐야 하는데 왜 그 껑다리 선장은 1등항해사를 하선시키려고 한 것일까.

그동안 선장도 처음 한국인과 같이 승선하게 되어 주시해서 보니, 현 1등항해사가 유럽의 스타일과 부합하지 않아 교체를 요구했던 것이다. 즉 유럽의 1등항해사는 항상 작업 현장에 감독 지시를 해야 하고, 동양의 1등항해사의 업무는 2, 3등항해사의 보고만 받으면 되니, 독일인 선장으로서는 도저히 이해 불가니 교체를 요구했던 것이다.

어쨌든 한국을 떠나면 교체도 쉽지 않았다(막대한 교체 비용, 거리 등으로 제약을 많이 받음). 그렇지만 나로 인하여 출항하기도 전에 이것은 해프닝으로 끝나 버렸다.

유럽까지 진출한 합판

감천동 동명목재에서 합판을 싣고, 나머지는 군산항에서 싣기 위해서 군산으로 출항했다. 항해 중 이 꺽다리 선장이 갑판부에서 사용하는 실과 바늘을 가져다 달라고 하여(일반 실 바늘과 틀림. 크고 튼튼함) 가져다주니, 이 독일 선장이란 사람이 참말로 채신머리도 없이 옆이 터진 슬리퍼를 갖고 와서 선원들이 작업하는 간판에 앉아서 꼬매고 있는 것이 아닌가.

내가 선원들 보기가 민망하여 선장한테 봉급도 많이 받고 또 슬리퍼가 비싸지도 않으니, 하나 새것으로 사라고 했다. 그러자 이 선장은 어이없다는 표정으로 나를 빤히 쳐다본다. 한심한 인간을 본다는 표정이다. 선장 왈, 슬리퍼 상태도 양호하고 또 신기도 편하니 꿰매 신으면 1~2년을 거뜬히 넘게 신을 수 있는데 왜 사냐고 하니, 난 할 말이 없다.

사실 그렇다.

독일 선장의 검소한 생활 방식에 진심으로 머리 숙여지고, 나도 저렇게 검소하게 당당히 살아가겠다는 다짐을 한다.

드디어 한국의 마지막 항인 군산항에 입항.

내 고향인 군산항에 그것도 유럽의 독일 배에 승선하고 군산항에 왔다는 것이 내 입장에서 감개무량하며 뿌듯했다. 해서 독일 선장에게 내 고향이라고 자랑하니 가족이 안 오느냐고 묻는다. 해서 나는 가족은 못 오고 애인이 찾아와서 부득이 외출을 허락해 달라고 하니, 왜 외출을 하느냐, 배에 데려와서 근무하면 되는데 왜 굳이 외출하려고 하느냐며 눈을 휘둥그레지며 이해할 수 없다는 표정으로 빤히 나를 쳐다봤다. 한국은 부두 정문에서 선원들 가족들도 배에 승선하는 것을 엄격히 통제한다고 하니, 그러면 자기가 정문에 가서 이야기하고 데려올 테니 정문에서 기다리라고 한다. 그렇지 않아도 지금 정문에 못 들어가게 해서 기다리고 있다고 하니 그 키 큰 몸으로 냅다 뛰어나간다.

돌아올 시간도 훨씬 지났는데도 그 누구도 안 나타났다. 한참 있다가 그 키 큰 키로 씩씩거리며 잔뜩 열 받아서 혼자 돌아와서 왈, 한국을 도저히 이해할 수 없다며, 고개를 절레

절레 흔든다. 독일 선장도 믿지 못하고, 한국 선원들을 모두 밀수꾼 취급한다고 팔짝팔짝 뛰며 대리점을 즉시 불러서 내 애인을 승선시켜 달라고 부탁한다.

그런데 이 대리점도 안 된다고 하니, 이 배가 외국에서 왔느냐, 한국은 한국 내에서도 밀수를 하느냐고 고함치며 따지니, 대리점도 난감하여 구렁이 담 넘어가듯 꼬리 내리고 사라져 버렸다. 괜히 애인 왔다고 했다가 내가 너무 민망하여 난처했다.

결국은 승선도 못 하고, 독일 선장에게 외출을 허락받고 정문에 나가니, 사람들이 웅성거리고 찾아온 애인은 구석에 앉아 울고 있다. 정문 세관원들도 내가 나타나니 다들 2등항해사가 어떻게 생겼는지 무슨 동물원 원숭이 구경들 하듯 나를 쳐다보고들 있다.

그 독일 선장한테 선원의 가족들도 승선이 안 된다 하니, 선장이 언어도 잘 통하지 않는데, 왜 안 되느냐며 세관원과 경비원들한테 난리를 친 모양이다. 나는 너무 미안하여 애인한테 그냥 집에 가라고 타일러 보내고 배에 들어왔다. 선장에게 애인은 집으로 보냈다고 하니, 선장도 본의 아니게 나에게 무척 난감한 표정을 지었다.

어찌되었던 나머지 합판을 거의 다 싣고 이제 대망의 유럽을 향해 항해를 하기 전에 최종 점검을 했다. 그런데 선교의 현문에 걸려 있는 호종(구리로 된 종)이 감쪽같이 사라지고 없다(법정 비품임. 선박은 비상수단 즉 발전기 고장 시, 레이다 고장 시의 무중 항해 시 종을 쳐서 타선에 알림). 해서 화물 작업하는 인부들의 반장에게 아닌 말로 통사정을 하고 외부에 알아봐서 제발 찾아 달라고 매달리니, 이 맘씨 좋은 고향 사람은 거절하지 못하고 자전거 타고 수소문하기 위하여 밖으로 나갔다(하역작업하는 반장 정도 되면 옛날 말로 끝발이 있는 사람임). 오전에 나간 반장이 저녁 무렵 돌아와서 하는 말이 찾지 못하고, 종을 훔쳐 나온 사람도 없다고 하니 난감했다.

독일 선장에게 있는 것 없는 것 장황하게 요즈음 말로 PR을 피가 나도록 했는데, 이제는 눈앞이 캄캄했다. 뭐라고 말을 해야 될지 궁리를 해도 뾰족한 방법이 없다(종의 재질이 구리로 되어 돈 좀 되는 것임). 내일 오전에 마지막 합판을 다 싣고 유럽으로 출항을 해야 하는데. 출항도 하기 전에 법정 비품인 종을 도둑부터 당했으니 대한민국 망신살이 뻗친 것이다.

이제는 더 이상 지체할 수 없어서 독일 선장에게 종을 도난당했다고 이실직고하니, 이 독일 선장이 잠깐 기다리라 하고,

그리고는 선교에서 내려가서 좀 있으니, 종을 들고 오는 것이 아닌가. 세상에 이런 일이…

너무나 어이없어 할 말이 없다.

선장이 종을 보관하고 있던 것은 틀림없이 조선소에서 누구인가 한국에 도둑놈이 많으니 도난 조심하라고 귀띔한 것이 틀림없었다. 그래서 챙겨 놓았던 것이다. 어찌 되었든 찾았으니 해피 엔딩이었다. 그 사이에 아무것도 모르는 우리가 마음 졸인 것을 생각하면…

드디어 이러저러한 우여곡절을 겪으며 메이드 인 코리아인 배에 메이드 인 코리아인 합판을 가득 싣고 출항했다.

동서양의 문화 차이

유럽의 독일인들이 한국에서 보내면서 한국의 가을 날씨가 무척 인상적이었는지 자주 이야기를 했다. 멋있는 가을 날씨를 우리는 못 느끼고 지냈지만, 이들에게는 그렇게 좋았나 보다.

유럽을 향해 출항하기가 무섭게 기다렸다는 듯이 독일 기관장, 전기사가 우리가 먹는 음식이 마늘 냄새, 김치 냄새가 심해서 같이 밥을 못 먹겠으니(냄새나는 사람들은 유럽 사람들이 심해서 향수란 것을 처음으로 만들어서 냄새를 커버한 것임), 한국 사관들은 밑에 배치되어 있는 선원들 식당에서 한국인들끼리 식사하라고 했다. 우리에게 식사시간마다 인상을 쓰며 심지어 새까만 종이까지 처먹는 사람들이라고 흉을 보니(요즈음 자연 건강식인 김을 구경도 못 하고 듣지도 못했으니, 새까만 종이라고 표현했다), 또 조그마한 종자들이 처먹어도 엄청 먹는다고(밥 한 그릇, 국 한 그릇, 반찬 식사 후 물까지, 커피타임에는 식빵과 커피까지 먹어대니 혀를 내둘러 댄다. 참고로 유럽 스타일로 주부 식비 제한이 없으니 공짜면 쥐약도 먹는다는 말까지 있지 않는가) 눈이 휘둥그레졌다. 참 기가 찰 노릇이다.

어쩔 것인가.

약자가 참은 것이 최선인지라 못 알아들은 듯이 꾹꾹 참자고 다짐한다. 절대적인 권한을 가진 그 키 큰 독일 선장은 웬일로 한국 사관들을 아래층에 있는 부원들 식당으로 보내면 안 된다고 우리를 두둔하고 나섰다. 이 키 큰 선장 아저씨가 너무나 고마울 따름이었다. 그러니 독일 기관장과 전기사는 울며 겨자먹기식으로 자기들 방에서 식사한다(배 구조가 침실이 따로 독립되어 있고, 사무실이 있으니 가능함).

싱가포르에 접근해 가니 열대성 기후답게 소나기가 세차게 지나갔다. 그런데 이게 무슨 난리란 말인가. 선교의 천장에서 물이 떨어져 비치되어 있던 항해 장비들이 합선될까 봐 이것저것 가져다 빗물을 가리고 또 가렸다. 독일 선장은 그 와중에 인상 쓰며 '메이드 인 코리아'라고 소리를 질러댄다. 한국 사람으로서 배를 내가 만든 것도 아니지만 할 말이 없어 참 난처했다.

어찌어찌해 배는 목적지인 싱가포르에 도착했다.

이 싱가포르란 나라는 생산하는 것은 하나도 없고 물까지 수입해서 사는 나라로서 오직 오고 가는 배를 상대해서 먹고사는 나라였다. 선용품, 대리점 등을 하며 먹고사는 나라다. 동서양을 가려면 지리적으로 싱가포르를 지나가게 되어있다. 또 중간 지점이다 보니 항해에 필요한 것을 여러 가지를 보충한 후 출항했다.

출항 후에도 항해 중 쏟아지는 비로 인하여 선교에 비치되어있는 레이더가 결국 비로 사달이 나고 말았다. 레이더의 Transistor(전파의 송수신기) 내에 빗물이 들어가 고장이 났다. 이제는 레이다 한 대(배마다 만약을 위해서 두 대씩 비치하도록 규정됨)로 불안한 항해를 하게 되었다.

선장은 고장 난 레이다로 선교에 올라올 때마다 메이드 인 코리아라며 짜증을 냈다. 이제는 아주 한국을 못 믿겠다는 태도로 한국의 항해 당직자 들으라고 노골적으로 무시까지 하니, 죄 없는 항해사만 죽을 맞이고 창피해서 쥐구멍에라도 들어가고 싶은 심정이었다. 그 기분을 누가 알까.

돈은 뙤놈들이 벌어먹고 욕은 죄도 없고 힘도 없는 사람이 듣는 꼴이다. 만만한 것이 홍어X이라고 죽으라고 일만 하는 선원들만 민망하게 되었다. 이 스트레스를 피할 방법이 없을까 궁리 끝에 선장한테 '너희들은 이 배 만든 돈으로는 이런 배도 구경도 못 한다'고 하니, 선장은 너무나 어이없다는 식으로 빤히 쳐다본 후, 제 방으로 내려가 버린다. 이후로는 웬일인지 메이드 인 코리아란 말을 하지 않았다. 참 별일이었다. 이럴 줄 알았으면 진즉에 말을 할 걸 후회가 막심했다. 사실이 그렇다. 우리는 조선의 기술을 습득하기 위해서 아주 싼값에 힘들게 만들어 준 유럽의 첫 배인 것이다.

무더운 열대 기후 속 항해를 하는데 선원들이 눈이 휘둥그레져서 속삭인다. 무슨 일인가 들어보니 수영장에 해수를 받아서 선장의 와이프와 딸내미가 비키니 차림으로 수영까지 하고 있으니 우리들 입장에서는 빅 뉴스거리가 되었다.

특히 한국과 일본에서는 여자가 배에 올라오면 재수가 없다 하여 암암리에 강력하게 통제하고 또 여자들도 그런 관습을 아는지라 배에 올라갈 엄두도 못 내고 또 생각도 못 했다. 그런데 이 여자들은 배에 올라온 것도 모자라 아예 벌거벗고 다니니 할 말을 잊어버리고 좋은 눈요깃거리도 되었던 것이다. 그래도 명색이 유럽 배라고 수영장까지 있었다. 동양의 배는 상상도 못 할 수영장까지 말이다. 이들과 함께 승선 생활과 유럽을 항해하다 보니 이 풀장을 설치하는 이유도 알게 되었다. 유럽은 기후가 나빠서 한 마디로 허구한 날마다 회색이다. 하늘도 대기도 회색 그러니 햇빛이 없으니, 기회가 있으면 건강을 위해서 선탠하는 것은 너무나 당연한 일이었다.

    드디어 홍해에 도착했다.
    수에즈 운하 통과를 하기 위하여 이집트의 도선사가 승선하는데 이 도선사란 사람이 신발도 없이 맨발로 배에 올라오니, 참 기가 찰 노릇이다. 도선사라며 그 나라의 상류층인데 맨발이라니. 레이다 수리사도 올라왔는데 이 사람도 역시이다.
    도선사는 접대해 달라고 담배, 술 등을 요구하지만 이 독일 선장은 왜 내가 너한테 줘야 하느냐, 도선비 받는데 왜 달라고 하느냐, 너는 거지냐며 화를 냈다. 눈 하나 깜짝하지 않으니 이 도선사도 너무나 어이없다는 표정이었다. 통상적으로 도선사가 올라오면 배를 안전하게 잘 조선해 달라고 접대를 잘해 주는데, 이 독일 선장은 원칙주의자였던 것이다. 한술 더 떠 너는 거지냐며 묻고 있으니 내가 도선사 보기가 민망했다.
    레이다 수리하러 올라온 자는 이자가 정말 레이다 수리를 하는 자인지 의심스럽지만, 목마른 자가 샘을 판다고 우선 아쉬운 것은 우리인지라 미덥지 않았지만 울며 겨자 먹기식으로 수리를 의뢰했다. 그자가 수리한다고 전파 송수신기를 분해하다가 갑자기 펑 하고 불이 나더니 송수기가 순식간에 타버리고 말았다. 혹 떼려다 하다가 오히려 혹을 붙이는 일이 바로 이런 일을 두고 한 말이다.

  선장은 기겁하며 손도 대지 못하게 하고 아예 배에서 당장 내려가라며 소리 질러 내쫓아 냈다. 도선사도 못 미더웠는지, 선장은 선교를 지키고 있으니, 당직자인 우리들만 꼼짝도 못 하고 고생해야만 했다.

지중해

수에즈 운하가 생기기 전에는 아프리카 남단을 돌아다녀야 했다.

그 중간 지점의 캡타운항에서 보급받아야 하니, 이 항구가 번성했는데 수에즈 운하가 생김으로써 쇠락의 길을 걸었다. 그래도 썩어도 준치라고 옛 명성에 걸맞게 잘 발달 되어있고 볼거리도 많다. 아프리카의 나라지만 유럽인들이 절대적으로 지배하고 통제하고 있다.

그동안 동경해 왔던 지중해!

꼭 항해해 보고 싶었던 지중해를 바라보며 항해한다는 것이 감개무량하며 들떴다.

선배들이 거창하게 자랑하며 이야기할 때마다 귀를 쫑긋 세워서 들었던 그 바다가 아닌가. 지중해는 고요하고 아름다워 '처녀 바다'라고들 구전해 왔다. 그 유명한 처녀 바다(태평

양은 남자의 바다, 북대서양은 노인의 바다라고들 했음)를 드디어 개시 박두. 수에즈 운하를 빠져나오기가 무섭게 거세게 몰아치는 바람과 파도에 정신이 없다.

호수처럼 잔잔한 바다라고 하더니 웬걸 생사람 잡는 비바람, 휘날리는 물보라가 계속 몰아치는데, 이 독일 선장은 왜 당직 조타수가 밖에서 견시하지 않고 선교에서 근무한다고 나무란다. 아니 이 날씨에 그것도 밤에 밖에 나가서 근무하라니 우리 입장에서는 도저히 이해 불가였다. 왜냐하면 동양쪽에서는 당직시간이 되면 당직항해사와 당직조타수가 선교에서 같이 근무하면서 잡담도 하면서 지루한 당직시간(4시간)을 보낸다. 유럽은 어떻게 근무하는지 경험이 없었다.

세상에 이런 날씨에 밖에 나가서 근무하라니, 정말 인정머리라고는 쥐털만큼도 없는 독한 놈들이다. 어쩔 것인가 약자인지라 울며 겨자 먹기식이라고 시키는 대로 해야지. 밖에서 견시하다가 불빛이나 소리를 들으면 신속히 항해사한테 보고하라고 한다. 선교에 있는 항해사는 유용한 레이다로 견시를 하지만 혹시 모를 위험을 회피하기 위해서 육안으로 잘 보이는 밖에서 견시하라고 지시한다.

밤에는 선교에서 근무하는 항해사와 조타수를 믿고 선원들이 편히 잠을 자니, 견시가 생명인데, 어찌 허술할 수 있겠는가. 연속되는 파도에 배도 몸살을 하고, 기우뚱할 때마다 여기저기서 깨지는 소리(주방과 식당의 그릇들) 그리고 침실에서 물건들 떨어지는 소리에 선원들은 자기들 방에 이동할 수 있는 물건들을 묶어둔다고 여기저기 못을 박았다. 독일 선장은 이 파도 밭에서 돌아다니면서 못 박는 것을 보고 눈이 휘둥그레져서 아니 침실이 니 개인 방이냐며 못도 못 박게 하지 않는가. 내가 쓰는 방에 편리하게 못 하나 박은 것까지 잔소리를 하니, 선장만 보면 시벌시벌 소리가 자동으로 나온다, 한국말을 못 알아들으니, 시벌시벌 이것 하나는 좋다(그런데 개인 방이 아니니 내 맘대로 변경시켜서는 안 되므로 선장 말이 옳은 말임).

  식당에서 밥 먹을 때마다, 심한 요동으로 밥이 입으로 들어가는지 코로 들어가는지 모르겠다. 그 와중에 밥그릇 안 떨어지게 붙들고, 국그릇 엎어지지 않도록 붙들고, 반찬도 식당 바닥에 안 떨어지게 해야 하니 정신이 하나도 없었다. 처녀 바다 두 번 다시 왔다가 사람 잡을 지경이다. 이 처녀 바다가 뭐가 못마땅하여 삐져서 이 난리를 치는지 모르겠다. 처녀의 질투는 오뉴월에도 서리 낀다고 했던가. 그 와중에 프랑스의 남부 바르세유 항에 가까워오자 언제 그랬냐는 듯이 날씨가 맑게 개인다. 참 알 수 없는 날씨다.

거센 파도에 별일 없는지 배를 둘러보니, 선수루 철판들이 파도에 얼마나 두들겨 맞았는지 심하게 요철이 생겨 있었다. 선장이 이 모습을 보면 틀림없이 메이드 인 코리아란 말을 할 텐데, 웬일로 아무 말도 하지 않고 인상만 잔뜩 쓰고 간다. 처녀 바다 정말 무섭고 두렵다. 두 번 다시 지중해 항해는 하고 싶지 않다. 드디어 프랑스의 그 유명한 마르세유항에 입항했다.

대한민국의 합판을 싣고 여기까지 왔으니 참 대단하다.

동양만 항해하다가 유럽의 첫 항에 입항하니, 설레는 맘이지만, 우리도 첫 유럽 배 그것도 독일 배에 승선했으니, 사명감이 더 무거웠다. 한국인으로서 근무에 더 충실해야겠다고 다짐했다.

동양의 항구에서는 주야간으로 하역작업을 하는데 그래도 유럽의 항구라고 야간작업이 없으니 살 것 같았다. 역시 유럽은 뭐가 달라도 달랐다. 그래도 우리는 사명감에 관광지인 마르세유항구지만 상륙하지 않고 오직 배만 지키며, 한국의 합판 중 절반을 하역하고, 차항인 독일의 함부르크를 향해서 출항했다.

지중해와 대서양 그리고 유럽과 아프리카의 갈림길인 지브롤터 해협(그 유명한 곳인지라 고등학교 지리시험에 꼭 출제되니 '쥐불알'로 암기하면 잊지 않음)을 빠져나와 유럽 쪽으로 뱃머리를 돌려 독일의 함부르크를 향해 항해했다. 그런데 배를 타면서 세계에서 파도가 심하기로 소문난(BISCAY BAY 프랑스 서쪽과 스페인 북쪽의 큰 만) 곳을 횡단하여 올라가야 하는데, 역시나 비스베이답게 파도도 없는데 끝도 없이 밀려오는 거대한 너울에 배가 기우뚱기우뚱한다. 엊그제 지중해에서 파도에 곤욕을 치렀는데 또 여기서는 너울에 골이 띵하여 만사가 귀찮았다.

  선장은 우리가 처음 와보는 유럽의 항로가 되어서 그런지 우리가 못 미더워서 그런지 선교를 주야로 떠나지 않고, 아예 때가 되면 식사를 선교에 가져달라고 하여 먹고 있었다. 그러니 당직 항해사와 특히 밖에서 당직근무를 해야 하는 당직 조타수는 죽을 맛이다.

  점점 북쪽으로 올라오니, 매일 날씨도 나쁘고 하늘도 주야간도 없이 그것도 하늘과 바다가 다 완전히 짙은 회색이고 추워서 저절로 고향 하늘이 그리웠다. 이런 날씨 속에 살아야 하니 유럽 사람들이 체격이 커야만 살아갈 수 있을 거 같았다. 자연적으로 체적화된 신체인 것이 분명했다. 이런 날씨에 속에서 사람들이 산다는 것이 동양인 나로서는 신기할 뿐이다.

선배들에게 수없이 들어왔던 그 유명한 STRAIT OF DOVER!(도버 해협. 북해와 대서양을 이어주는 해협으로써 북유럽으로 들어가는 관문임) 영국과 프랑스 사이를 통과하는 유럽의 지름길. 날씨는 위쪽으로 올라가니 더 악화되고 추웠지만 그래도 왕래하는 오고 가는 배들이 많아 그나마 위안이 되었다. 배마다 다 제 갈 길을 찾아 항해하고 있었다.

종착항 HAMBURG항

그 좋은 한국의 가을 10월 말 울산에서 출항하여 12월 초에 종착항 함부르크까지 왔다. 그것도 한국의 합판을 한국에서 처음 만든 배로 싣고 왔으니 가슴 뿌듯하고 벅찼다. 그러나 쉴 틈도 없이 쏟아지는 눈과 추위에 우리로서는 미칠 노릇이다. 이런 날씨에도 선주들이 한국에서 만든 1차선을 구경하기 위해서 한 30명이 오니 갑판에 쌓인 눈 치우기도 바쁘다.

나는 순진하게 선주가 방선한다고 하기에 한 명인 줄 알았는데 30명이라니(이들은 벌써 사업 공동체를 만들고 자금을 조달하여 배를 만들어 사업했음). 선미에 쌓아 놓은 쓰레기들이 바람에 날려 언 강으로 날아다니니, 선장은 빨리 가서 쓰레기 주워오라고 난리다. 배에서 쓰레기를 날리면 벌금을 당한다는 것이다. 쓰레기는 잘 보관해 두었다가 수거 차량에 내려보내야 한다는 것이다. 그때 유럽은 벌써 쓰레기 수거를 하고 있었으며, 동양 쪽에서는 항해 중 멀리 떨어진 바다에 다 버렸다.

 그야말로 살얼음판을 걸어야 했다. 입이 저절로 튀어나오지만, 우리가 보관을 잘못하여 날아갔으니, 그 추위 속에 얼음판을 걸어다니며 다 수거해야만 했다. 그러고는 바람에 날아가지 않게 아예 선미에 비치된 창고에 처박아 놓았다.

 선주들이 몰려오니 갑판에 쌓인 눈을 쓸고 또 쓸고… 끝이 없으니 미칠 노릇이었다. 선주들이 방선해서 보니, 눈을 치우는 이들은 모두 동양 사람 그것도 한국인을 처음 보았다. 그들이 보기에는 그 쪼그만 한 인종들이 먹고살겠다고 유럽까지 와서 아등바등 눈을 치우고 있는 모습이 너무 안쓰럽던지 곧 다가오는 크리스마스 선물로 두껍고 따뜻하고 실용적인 방한복을 한 벌씩 지급해 주었다. 이 얼마나 고마운 일인지… 탱큐, 탱큐!

 본사가 있는 함부르크에 도착하니, 그동안 지불해 주지 못한 선원들의 오버타임(초과근무수당이며, 한국의 선원 회사에서 선원들을 모집할 때, 사관들은 오버타임 수당이 없으며, 부원들은 시간 외 근무수당이 있다고 모집하고 계약했음) 지불해 주었는데, 이게 또 무슨 일인지. 막상 똥 싸고 나면 맘이 변한다고 그렇게 계약하고 승선했지만, 사관들은 정말 근무할 의욕도 없어 당장 집에 가고 싶지만 워낙 거리가 멀어 비용 부담이 너무 커서 엄두도 못 냈다.

  왜냐하면 갑견(갑판부의 실습생) 봉급과 수당을 합치니, 명색이 2등항해사보다 수령 금액이 많았다. 부원들은 수당을 줘도 쥐꼬리만큼 주겠지(계약되어 있으니) 했는데, 한 푼도 삭감없이 1등항해사가 신청한 금액을 다 지불하니, 땡 하오- 땡 하오다. 해양 역사에 있지도 않고 듣지도 못 한 일이 이 독일 배 1차선에서 벌어진 것이다. 해서 나는 선장에게 쫓아가 도저히 근무하고 싶지 않다고 항의하니, 눈이 휘둥그레져서 무슨 말을 하느냐 계약하지 않았냐며 얼굴이 빨개지며 황당해하며 선장을 나를 보며 미친놈이라며, 트러블 메이커라며 쏘아붙였다.

  트러블 메이커.

  한참 생각해 보니 추측된다. 이 배 타고 좋든 싫든 선장에게 따진 사람은 나밖에 없으니, 선장 입장에서는 내가 골치 아픈 트러블 메이커였다. 울산에서 의약품 취급문제, 군산에서 호종 도난 건 및 애인 승선문제, 선교에 물 새는 문제 등. 선장 입장에서는 내가 사사건건 트러블 메이커였다. 나는 선장 시킨 대로 열심히 인한 죄밖에 없는데 트러블 메이커라니. 1등항해사는 선원들 오버타임을 엉터리로 작성하여 신청했다고 독일인 1등항해사로 교체한다고 했다. 동양의 스타일은 1등항해사가 갑판부의 일과를 갑판장에게 지시하고 결과만 보고 받으면 된다.

이렇다 보니 유럽 쪽에서는 도저히 이해 불가하여 결국 하선 당하고 독일인 1등항해사가 승선하게 되었다. 그리고 동양에는 없는 화물만 담당하는(동양에서는 1등항해사가 담당함) 직책인 슈퍼카고라고 하는 직책을 가지고 승선했다.

크리스마스가 곧 오는데 선내 뒤숭숭하고 선장은 오버수당을 주며 상파울루에는 가지 말라고 한다. 선장이 가지 말라고 한 곳은 뭔가 있으니(우리는 벌써 이들과 생활하다 보니 눈치가 9단이 되어 척하면 척하고 알아들었다) 가지 말라고 한 것일 거라 생각했다. 우리는 그동안 긴 항해에 지친 몸과 스트레스를 풀기 위해서 의기투합하여 저녁밥을 먹고 상륙을 개시하기로 했다.

처음 와본 함부르크인지라 우리는 지리도 알지도 모르니, 하역작업하는 인부들에게 상파울루을 어떻게 가는지 대한민국의 촌놈들은 물어물어 알아낸다. 유럽은 수로가 잘 발달하여 수로를 이용하에 통선들이 운항되니, 이 통선을 이용하면

쉽고 싸게 외출할 수 있다는 것을 알았다.

저녁밥을 먹고 마치 맥아더 장군이 인천상륙작전 하듯이 우리도 상파울루을 향해서 상륙했다. 물어물어 선장이 말한 그 유명한 사창가인 상파울루로 보지도 못하고 듣지도 못한 화려한 크리스마스트리와 넘쳐나는 멋진 백인 아가씨들의 미소에 녹아나는 선원들. 특히 비록 웃음과 몸을 파는 여자 일지라도 나이 먹고 돈도 없는 노인들의 욕구를 채워주기 위해서 길거리에서 자신의 엉덩이를 기꺼이 만지도록 그것도 공짜로 내어주는 모습에 역시 어린 시절에 천사가 동양인도 없고 또 흑인도 없고 백인들만 있었던 이유를 알 것 같다. 역시. 이런 맘의 여유를 가지고 사니 선진국이 되었구나 하고 감동 받았고 오랫동안 지워지지 않는 기억으로 남았다.

연말에 들뜬 우리를 사로잡은 거리에서 시간 가는 줄도 새까맣게 잊어버렸다. 어릴 때 들었던 익숙한 크리스마스 캐럴이 거리마다 울려 퍼지니 더욱 친숙해지는 거리. 독일인들도 조그마한 동양인이 이 거리에 나타난 것이 신기한지 호기심에 환영해 주었다. 보지도 듣지도 못한 별별 희한한 성문화를 접한 우리는 정신이 없었다. 스트립쇼 바에 들어가서 백인의 금발 아가씨의 춤을 보며 맥주 한잔하고 있으면 이 아가씨들도 동양인이 접하기 쉽지 않으니 호기심을 가지고 접근했다. 술 한잔 사달라고 하는데, 가슴에 태극기 휘날리며 태평양을 건너 인도양을 건너, 지중해와 대서양을 건너온 대한민국 선원들의 위신도 있고 체면도 있고 또 들뜬 크리스마스와 연말이고, 또 거짓말 같은 거금의 수당도 탔으니 그 누가 거절하겠는가.

무조건 '오케이'를 남발하니 바의 아가씨들은 동양인 선원들에게 쫓아와서 매달리니, 인기에 어깨 으쓱하며 바가 우리의 놀이터로 변했다. 정말 여기까지 온 보람도 있고, 분위기도 좋았다. 1차로 술을 마셨으니 2차를 가기 위해서 술값을 계산하니 아니 이게 뭐람, 이런 황당한 술값이 있나. 아가씨들이 마신 술이 한잔에 7~80불이라니, 우리가 보기는 비싸봐야 10불도 안 돼 보였는데…

선원들 입에서는 시벌 시벌 소리가 여기저기서 튀어나오고, 열 받은 선원들 목소리도 거칠어져, 싸움 나기 1초 전이되었다. 빨리 나가 2차 가는 게 상책이라고 달래서 겨우 나와 유리창 너머 잘 진열되어 미소로 손짓하는 금발의 미녀에 상한 맘을 달래러 갔다. 흥정하고 들어가니 요즈음 말로 닭장 같은 좁은 공간에서 하자니 할 말이 없다.

공간이 무슨 별것인가.

우선 눈앞에 예쁜 금발의 아가씨가 있는데, 탐스러운 금발의 아가씨의 유방을 주물러 주고 싶어서 만지려고 하니, 손도 못 대게 하니 이게 또 무슨 일이란 말인가. 키스는 고사하고 입맞춤도 안 된다 하니 뭐 이런 X같은 년이 있단 말인가. 탐스러운 유방을 만지려면 돈을 더 내야 하며, 키스도 하려면 돈을 더 내야 한다고 하니, 살다 살다 참 기가 차서 말이 안 나온다. 이 금발의 아가씨 왈 성교만 하자고 했지, 유방 만지고 키스까지 하라고 한 것은 아니란다.

이게 될 말인가?

미치고 돌아버릴 것 같아 망설이고 있으니 이 금발의 아가씨 팬티를 벗으며 빨리하고 나가라고까지 한다. 성질 같아서는 한 대 쥐어박고 싶지만 그래도 우리는 동방예의지국인지라 꾹꾹 참고, 시키는 대로 하의를 벗고 고추를 내놓으니, 이 아가씨 조그마한 고추(동양인의 사이즈와 서양의 사이즈 차이가 많음)로 아닌 말로 이런 X을 가지고 X하러 왔느냐며 손바닥에 올려놓고 신기하듯 보며 웃는다. 여러 가지로 열 받아서 돈은 계산했겠다 혈기 왕성한 X를 빳빳하게 세우고 올라타니 이건 또 뭐람. 인형 같은 금발의 아가씨 피부가 돼지 피부처럼 꺼칠꺼칠하니(해서 선탠이 있음) 깜짝 놀라서 아무것도 하고 싶지 않는데, 이 아가씨 남 속도 모르고 빨리하라고 재촉한다. 치밀어 오르는 홧김에 빳빳하게 세워 인정사정

없이 쑤셔 넣으니, 이 아가씨 너무나 어이없다고 눈이 휘둥그레져서 아프다고 소리를 내 질러대니, 경비하는 사람들이 다급하게 쫓아왔다. 이 독일 아가씨는 우리가 알아듣지도 못하는 독일말로 지껄여 댄다.

 쫓아온 이 남자는 웃어 죽겠다고 웃으며 이 신기한 동양인 나를 빤히 쳐다본다. 예의도 없는 놈들은 나가라며 그렇지 않으면 경찰을 부른다니. 이 무슨 아닌 밤중에 봉창 터지는 소리인지. 내가 뭘 잘못했다고 경찰까지 부른다? 도저히 내 머리로써는 이해가 되지 않았다. 내가 뭘 잘못했느냐고 따지니, 요 독일인 찍새는 귀찮다는 듯이 경찰을 부른다.

 오면 골 아픈 존재가 경찰인지라 반강제로 쫓겨나오듯이 나와 약속 장소에 와서 보니 다들 기다리고 있다. 전부 비슷한 경험으로 열 받아서 시벌 시벌 하며 더 이상 놀 기분도 아니었다. 이렇게 눈뜨고 생사람 잡는 사람이 바로 유럽이었다.

 귀선하기 위해서 택시를 타고 각자 겪은 무용담으로 택시 안이 시끄러웠다. 오죽하겠나. 다들 대동소이하니. 가다가 이 택시 기사 한적한 장소에서 정차한다. 아니 우리가 소변보려고 세워달라고 한 것도 아닌데, 제 맘대로 차를 세우니 너 한 번 잘 걸렸다 하며 모두 열 잔뜩 받았다. 너도나도 왜 세우냐고 잡아먹을 듯이 달려드니 좀만 기다려 달라고 한다.

이 택시 기사는 눈치는 9단쯤 되어 우리가 그래도 대한민국인이란 것을 눈치채고 고분고분하며 좀만 기다리라며 통사정한다. 조금 있으니 앞쪽에서 경찰차가 깜빡이 불을 켜고 급하게 달려오기에 지나갈 줄 알았는데 이게 뭐람, 우리 쪽으로 와서 정차하지 않는가. 우리가 잘못한 것도 없는데 이게 무슨 뚱딴지같은 일인지. 술이 번쩍 깼다.

경찰 왈 다들 택시에서 내리라고 하며, 이 택시 기사가 우리 때문에 도저히 영업할 수 없다고 신고했단다. 우리가 떠들어서 운전할 수 없고, 술 냄새가 나서 영업할 수 없으니 벌금 60불을 내란다. 돈 안 내면 곧바로 유치장으로 보낸단다. 아니, 눈 뜨고 코 베어 먹힌다고 하더니 이게 그 말이 아닌가. 차를 냄새로부터 청소하고 또 청소하는 동안에 영업을 못 했으니, 그 비용을 포함해서 60불이란다. 세상에 이런 법도 있단 말인가. 참으로 기가 막힌다.

도저히 믿기지 않는 일이 이 독일까지 와서 겪고 있었다. 경찰서 가면 시간만 까먹어 귀선도 못 하고 또 무슨 일이 벌어질지 몰라서 울며 겨자 먹기식으로 벌금을 내고 다른 차로 갈아타고 귀선해야만 했다. 상륙할 때의 당당했던 모습은 이제는 참담한 패잔병이 되었다. 작은 고추가 맵다는 것을 이 덩치 큰 서양사람에게는 그것도 백발의 미인에게 보여주려고 하다가 뭣도 못 하고 쫓겨나는 신세가 되었다. 이 참담한 심정 오죽하며, 대한민국의 선원들의 체면이 말이 아니었다.

함부르크에 X하러 와서 국격을 세우고 있으니, 어찌 되었든 이 세상에는 공짜란 없으니, 한마디로 어린 시절 동경해 왔던 유럽의 첫 상륙개시는 이리저리 만신창이가 되어 비싼 수업료를 지불해야만 했다. 엄연히 말한다면 이것도 동서양의 문화 차이 때문이라고나 할까.

졸지에 트러블 메이커가 되어

대한민국에서 만들어 유럽 시장까지 온 합판을 하역하던 중, 선원이 나에게 웃으며, 그 독한 독일 선장이 Trouble Maker를 찾는다고 했다. 나는 부모가 지어준 이름도 사라지고, 직책도 감쪽같이 사라지고 그 순간부터 듣지도 못하고 알지도 못한 트러블 메이커란 거창한 닉네임이 무슨 껌딱지처럼 붙어 다녔다.

어젯밤에 선원들 데리고 상륙한 것을 듣고 똥바가지만 쓰고 왔다고 잔소리하려고 부르는 것 같아 영 찜찜했지만 호출하니 좋든 싫든 가봐야만 했다. 선장 근무실에 들어서니 선장은 나를 보자마자 활짝 웃으며 크리스마스의 큰 선물을 준다며 거금 600불을 금고에서 꺼내주며 서명하란다. 내역서를 보니 2개월 치의 오버타임(시간 외 수당)이었다.

선장과 선주들에게 불합리한 사관과 선원과의 봉급 차를

불평했는데 이것이 잘 반영되어 사관들은 전부 무조건 매달 300불씩 지불해 주기로 고정되었단다. 앞으로는 봉급에 대해서는 더 이상 제발 말썽 피우지 말란다. 비록 계약서에 사관들은 근무 외 수당이 없다고 명시되어 있고, 또 본인도 좋다고 서명까지 하고 승선했지만, 막상 승선해서 불합리한 선원과 사관들의 봉급 차가 없는 것을 기꺼이 시정하는 독일인들의 사고에 박수 칠 감동적인 사건이었다.

우리나라 같으면 아니 동양에서는 상상도 못 할 일이었다. 네가 좋다고 서명까지 하고 승선했고, 그게 싫으면 귀국비 및 수수료 내고 하선하여 집에 가라고 하면 끝이다. 그런데 불합리한 것을 기꺼이 시정하는 자세가 너무 좋아서 열심히 근무하여 대한민국의 태극기를 유럽의 시장에 휘날리자고 재다짐했다. 불평한 나만 준다는 것도 아니고 1, 2, 3차선 모두 사관들까지 다 준다니. 시간 외 수당이란 것을 유럽 쪽에서는 이미 70년대 이전부터 시행되었는데, 우리는 지금은 시행됐다고 하지만 봉급에 포함된 수당이니 되었다고 말할 수는 없다. 그리고 이 수당이 있으니 1등항해사가 선원들 작업을 수월하게 진행시킬 수 있어서 더욱 좋고 크게 효과적이다.

불만을 하거나 태만하게 작업을 하는 자는 오버타임을 안 시키면 됐다. 그러면 한 달 근무 봉급밖에 없으니 자기만 손

하니 시킨 대로 열심히 할 수밖에 없다. 하지만 동양의 시스템은 봉급에 포함된 수당인지라 일을 해도 그만 안 해도 그만이니 작업을 진행시키는데 1등항해사만 피곤하고, 맨입으로 일을 시켜야 하니 너무나 힘들다. 내 입장에서는 기가 막힐 노릇이다.

어제 상륙했다가 똥바가지에 돈 한 푼도 없는 거지가 되었다는 것을 어떻게 알고 돈을 지불해 주는지 귀신 곡할 노릇이다. 생각지도 못한 거금이 생겼으니 연말은 이제 이역만리까지 와서 맘도 든든해진다.

거덜 난 선원들은 그래도 함부르크를 떠나기 전에 미련이 남아 안달한다. 할 수 없이 선장에게 가불 좀 해달라고 하니, 선장이 깜짝 놀라며 엊그제 수당들 받았는데 벌써 그 많은 돈을 다 써느냐며 눈을 휘둥그레 뜨며 쳐다본다. 그리고는 너희들은 미친놈들이라며 단단히 화를 내며 도저히 이해가 안 된다고 펄쩍펄쩍 뛴다. 하지만 나는 여기를 떠나기 전에 선원들 필요한 것을 구매해야 한다고 통사정하니, 이 말에 수긍이 가는지 마지못해 가불해줘서 필요한 것을 구매하고 떠날 수 있었다.

유럽답게 야간 하역작업이 없고, 연말인지라 또다시 2차 상륙개시!

이제는 대충 알았으니, 금발의 아가씨가 와서 술 한잔 사달라고 해도 어림 반 푼어치도 없는 소리, 매달리면 얼마짜리인지 확인하고 확인해서 우리가 마시는 그 유명한 독일 맥주만 오케이 했다. 황홀한 유혹의 상파울루에서 해피 뉴이어!

한국에서 출항하여 함부르크까지 항해하며 미비했던 것을 수리하고 레이다의 송신기는 통째로 교체하여 완성. 한국제 합판도 다 하역을 마치고 이제는 적재할 부두로 이동하여 작업한다.

두 번째의 적재 항인 브레멘항에서는 80톤이나 하는 대형 중량물을 적재해야 하는 데 위험하니 본선에 비치된 크레인을 이용하여 본선 선원들이 실어야 한다고 한다. 이런 중량 화물까지 싣도록 설계된 배였으니 조선소에서는 보지도 심지어 들어보지 못한 것을 오직 설계도 청사진 하나 보고 조립해야 했으니 어려움이 오죽했으랴.

그 큰 중량물을 대형트럭 두 대를 이용하여 본선 부두에다 갖다 놓고 실으라니! 독일 1등항해사가 본선 2등항해사인 나더러 한쪽 크레인을 작동하고, 또 한쪽 크레인은 3등항해사가 작동해야 한단다. 나야 작동법을 습득했지만 3등항해사는 만져보지도 못했고 또 동양 쪽에서 사관이 작동하지 않고 선원에게 지시만 하면 되고 또 배는 처음 타는 3등항해사는 운전은 어려움없는 말이다. 안 된다 하니 이 독일 1등항해사 왈 그러면 어떻게 선원들을 가르치고 감독할 수 있느냐며 도저히 이해가 안 된다며 고개를 절레절레 흔든다. 그러면 갑판장이 크레인에 올라가서 운전하라 하여 나와 갑판장이 크레인 하나씩 운전하고, 독일 1등항해사는 자신이 직접 간판에서 운전신호를 보낸다.

신호하는 폼이 많이 해 본 솜씨인지라 그 무거운 중량물도 거뜬히 안전하게 적재하고 나니, 중량물을 선원들이 안전하게 일했으니, 하역비를 슈퍼카고에게 돈을 받아 지불해 주며, 나누어 가지라고 전액을 준다. 1등항해사도 중요한 신호를 했으니 돈을 같이 나누자고 하니, 자기는 괜찮으니 작업자들만 나누어 쓰라며 거절한다.

상납을 잘해야 돈 벌 수 있는 일이 자주 생기는지라, 두 눈 딱 감고 1/3의 금액을 떼어 선장에게 상납하니, 이 돈이 무슨 돈이냐며 물어서 중량물 실은 돈이라고 하니, 이 껑다리 독일 선장 나를 빤히 쳐다보며 내가 무슨 거지냐며 화를 내며 일한 선원들만 똑같이 나누어 가지라고 한다. 자기는 일을 안 했으니 돈 받을 자격도 없다는 것이다. 역시 유럽은 다르기는 다르다는 것을 피부로 느끼는 순간이었다. 우리는 상납을 잘해야 모든 일이 순조로운데, 생각지도 않는 돈이 생기니 역시 유럽 배가 좋기는 좋다는 생각이 든다.

독일 선장 1등항해사가 3등항해사가 크레인 운전도 못 하니 퇴선(귀국) 시킨다고 하니 이게 또 무슨 뚱단지 같은 말인지. 이제는 한국인 1등항해사도 쫓아내고, 3등 항해사도 보내버리면. 나만 남게 되고 다음 차례는 내 차례가 분명한지라 보내면 절대로 안 되다고 항의했다. 동양에서는 3등항해사는 실습 마친 후 처음 타는 배이며, 내가 열심히 가르치면 된다고, 짤막한 영어로 통사정하는 수밖에 없었다.

이제는 한국의 1등항해사가 쫓겨가고 없으니, 자동으로 2등항해사인 내가 한국인의 선임 사관이 되었다. 이제 모든 일을 해결해야 했으니, 짧은 영어 실력에 환장할 노릇이 바로 이런 일이다. 학교 다닐 때 영어 공부를 안 한 것이 얼마나 후회스러운지. 어찌 되었든 선장이 말하길 한항차 동안 주시한 후, 좋은 결과가 없으면 하선시킨다고 조건부를 달아 말했다. 우선 급한 불은 끄고 봐야 되니 무조건 오케이, 오케이, 탱큐, 탱큐다.

동서양을 불문하고 무조건 잘 못 했다고 손발이 닳도록 싹싹 빌면 통하는 법이다. 급한 불은 끄고, 이제는 미지의 서아프리카를 향해서 출항해야 한다. 네덜란드의 암스테르담과 노트르담을 거쳐 벨기에의 앤트워프, 프랑스의 르 아브르외 루앙항 그리고 유럽의 마지막 항 스페인의 빌바우항이다. 프랑스의 루앙항에 들어가기 위해서는 프랑스의 세느강을 따라 들어가야 하는 마치 곡예사가 곡예를 하듯이 꼬불꼬불한 강을 따라 들어가야 했다. 해서 손에 땀을 쥐게 하는 곳인지라 도선사가 승선하는데, 우리와 일본의 관계처럼 2차대전의 깊고 뼈아픈 상처로 독일 선장과 프랑스의 도선사는 서로 의식적으로 말도 하지도 않으니, 이게 또 볼만하다.

독일 선장이 선교에서 떠나면 프랑스의 도선사는 저 독일 놈들 죽일 놈들이라고 욕을 해대며, 그들 밑에서 근무하는 너희들도 수고한다고 하니 민족의 상처가 우리만큼이나 크다.

프랑스 루앙항에 입항하여 선원들은 독일에서 바가지를 쓰고는 몇 푼 남은 돈을 들고 한잔하러 나갔다. 하지만 놀랜자라 솥뚜껑만 봐도 놀랜다고 바에는 들어가지 못하고 허름한 술집에 들어가서 값싼 포도주가 눈에 띄니 너도나도 그 큰 포도주들을 들고 귀선해서 그 달달한 포도주를 그냥 물 마시듯 퍼마신다.

근데 이게 취하면 언제 깨어날 줄을 모르게 취하는 것이 바로 그 값싼 포도주이다. 그런데 이 유럽이란 나라는 허구한 날이 회색빛이며 매서운 바람이니, 우리나라같이 좋은 환경 속에 자란 우리로서는 적응이 쉽지 않아 생고생해야만 했으며, 또 수로가 길고 잘 발달한 나라들이다 보니 당직 항해사와 특히 키를 잡은 조타수가 큰 문제이다.

동양 쪽에서는 길어봐야 입출항 시만 조타기를 잡아 도선사의 지시대로 하면 되는데, 여기서는 자기의 당직시간을 꼬박 4시간 동안이나 조타기를 잡아야 하고 또 3명의 조타수가 다 숙달되어 있어야만 한다. 동양 쪽에서는 1타수가 제일 잘하여 통상 1타수가 입출항 시 조타를 하고, 3타수는 갑판원서 갓 진급하여 조타를 습득하는 과정이니 이게 문제다.

여기서는 이게 아니올시다.

자기 당직자는 자기가 당직시간 동안 키를 잡아야 하며 대소변을 참아가며 키를 잡아야 했다. 또 수로를 나오면 선교 밖에 나가서 그 추위에 견시를 해야 한다. 만약 수로에서 키를 잡다가 급하게 화장실 갈 일이 생기면 당직 사관이 다녀오는 동안 잡아야 하는데 또 이게 큰 문제다. 동양 쪽에서는 항해사가 조타수가 있는 한 조타기를 잡을 이유가 없으니 실무가 전무하다. 3등항해사의 당직시간은 선장이 선교에서 근무하니, 항해사나 조타수나 심지어 도선사까지 불편했다.

그러나 어찌할 것인가.

하루 이틀도 아니고 스페인의 빌바오항을 출항할 때까지 매일 이렇게 시달려야만 하니, 체력이 약한 동양인은 할 노릇이 못 된다. 그렇지만 돈을 벌기 위해서 이를 악다물고 버티며 앞으로 앞으로! 호랑이 가죽을 보면 정말 탐나고, 산 호랑이를 보면 오줌을 쌀 정도로 무섭다고 한 말이 우리를 두고 한 말인 것 같다.

유럽의 각 항을 돌며 화물들은 아프리카의 구호품들, 옷, 쌀 이삿짐들 심지어 배에다 배를 싣기도 하고 전쟁에 사용되는 탱크, 자동차, 기계류 등 오만가지 잡동사니를 싣다 보니 거기에 맞추어 실을 수 있도록 준비해 주기도 바쁘니 화물만 전담하는 슈퍼카고가 필요했다.

동양 쪽에서는 1등항해사가 화물을 담당하니 들어보지도 못한 슈퍼카고이며, 1등항해사는 차질 없도록 화물을 실을 수 있도록 준비해 주고, 실은 후에 안전한지 확인하기도 바쁘다. 이렇게 바쁜데 테이블 사관은 이런 배에서는 그야말로 있을 수 없으며, 이 독한 독일 선장이 한국인 1등항해사를 쫓아낸 이유를 알 것 같았다.

유럽의 마지막 항 스페인의 빌바오!

옛날의 군주국답게 화려하며 머리카락이 특히 한국의 여자처럼 검은 머리를 가진 여자가 많다 보니 더 호기심과 친밀

감이 간다. 옛날의 정복자들답게 항구도 요새화되어 있으며, 유독 스페인만 점심 식사 후 오침 시간이라고 하역작업도 중단하고 잠을 자고 오후 4시부터 작업한다. 우리로서는 이해 불가지만 이들은 정복자들의 후예인지라 먹고 마시고 노는 쪽은 잘 발달해 있어, 저녁 늦게 외출하여 바에 들어가는 모습은 우리로서는 볼만하고 이색 문화를 즐길 수 있었다.

이곳 스페인만 그런 것이 아니라 돌아다니다 보니, 그 옛날에 스페인의 지배를 받았던 나라들은 한결같이 먹고 마시고 노는 방향으로 잘 발달되어 있었다. 그러다 보니 밤늦게까지 마시고 놀다 보니 오침 시간이 있는 게 이해가 됐다.

동아프리카

화물 싣는다고 푸닥거리로 지친 육신을 달콤한 휴식을 할 수 있는 대서양 남북을 횡단하여 아프리카로 항해한다. 아프리카를 향해서 항해하다 보면 스페인의 나라인 라스팔마스는 황금어장으로 유명하여 세계 각국의 어선들이 다 모여 치열하게 총성 없는 각축전을 벌이는 곳이다.

스페인, 포르투갈, 러시아, 일본, 한국이 주가 되어 활발히 어업을 하니 이곳은 어선들로 바다에 쫙 깔려 있으며, 이런 곳에 아프리카의 사하라 사막의 먼지로 하늘도 보이지 않으며 대기는 뿌연 색이다. 이런 악조건 속에서 고기 잡겠다고 각국이 사투를 벌이고 있으니, 배가 이곳을 벗어나도 완전히 먼지를 뒤집어서서 뿌연 누런색으로 변하여 볼만하다. 그리운 고향 하늘, 부모 형제를 떠나서 이역만리까지 와서, 이런 속에서도 고기를 잡겠다고 치열하게 사투를 벌이는 것이다.

먼지 속을 빠져나와서 아프리카의 첫 항.

세네갈의 수도인 다카항이다. 이곳은 그 옛날 노예시장의 종착지로써 노예들의 최종 집결지로써 유럽 등으로 팔려갔던 곳이다. 새까만 흑인들이 화물의 하역작업을 한다고 떼거리로 몰려 올라오니, 부족한 선원들만으로는 통제가 힘들고 또 작업하는 인부보다 도둑들이 더 많다. 그들 입장에서는 배에 있는 것 아무거나 가져가면 다 돈이 되니 이런 난장판이 없다.

당직사관과 선원들을 화물 도난방지와 하역작업을 진행시켜야 하니 쉴 틈도 없고 특히 무더위에 지쳐 떨어져 나간다. 참새가 방앗간을 그냥 지나칠 수는 없는지라, 저녁에 상륙하여 바에 들어가서 보니, 서양인, 깜둥이 여기다가 우리까지 들어서니 인종전시장이 따로 있다.

놀다 보니 이곳 아프리카까지 와서 몸 파는 프랑스 여자들이 접근하여 자기 집에 가자고 하지만 우리들은 이미 호되게 당한 적이 있는지라 새까만 깜둥이가 더 호감이 간다. 아이보리코스트의 아비잔항을 향해서 출항하니, 이곳은 더 질서도 없고 엉망이다. 하역하는 인부들은 뭐 하나라도 집어 가려고 다 모여드니, 그야말로 아비규환이며, 여기다 한술 더 떠서 몸 파는 깜둥이 아가씨가 떼거리로 올라오니 선원들의 당직자들만 죽을 지경이다.

　당직사관, 당직타수 그리고 갑판원 이 3명이 하역 준비 작업, 도난방지, 순찰 등을 무더위 속에서 해야 하니 몸이 녹아난다. 구호 물품 등은 하역하자마자 부두에서 서로 가져가려고 난리가 나고, 경비들과 현지인들이 배에 승선하지만 이들이 바로 도둑놈들의 리더이다. 이런 도둑은 강도들이라고 해야 타당할 것이다. 심지어 정박하기 위해서 부두에 배를 붙들어 매어놓은 밧줄까지 잘라 도망가니 미치고 환장할 노릇이다.

　밧줄을 잘라가면 배가 부두에서 떨어져 졸지에 선원들은 난리가 나고, 외부 갑판에 페인트칠하기 위해서 놓아둔 페인트도 슬쩍해 도망하니 남아날 것이 없다. 도난당한 것을 찾아오라고 돈을 주면 또 그 물건을 가지고 와서 돈 달라고 떼를 쓰니 울며겨자먹기식으로 줘야 하니…

　한번은 부두가 빈자리가 없어서 외항에 닻을 내리고 정박하고 접안대기를 하는데, 이때는 항해사와 조타수 두 명이 주야간이 갑판 당직을 근무하므로 항해사는 선교에서 근무하고 조타수는 갑판에서 순시하며 근무한다. 그런데 심야에 갑판 순시하는 조타수가 순시 나가는 것을 선교에서 봤으니 당직근무을 하는 것으로 봤는데, 종무소식이니 급히 화장실

갔나 하고 생각했지만 소식도 순찰도 없었다.

 할 수 없어서 이 사람 선원 식당에서 이 도둑놈의 소굴에서 식당에서 잠자고 있는지 선원 식당에 가봐도 없다. 혹시나 하는 맘에 조타수 방에 가봐도 없다. 은근히 무슨 일이 있는지 겁이 덜컥 났다. 이제는 갑판으로 나가서 조타수를 찾기 위해서 이곳저곳 살펴본다. 선수까지 가서 보니, 선수에 있는 창고 문이 열려 있다. 혹시나 해서 열어 보니 조타수는 어두운 곳의 선수에 꽁꽁 묶여있었다. 입도 소리도 못 지르게 틀어막아 놓았다. 이렇게 해 놓고 선수의 창고를 다 털어가는 것도 부족해서 선수의 밧줄(접안할 때 사용하는 밧줄)까지 끊고 가버린 것이다.

 이 조타수는 순시 차 선수까지 와서 순시하는데 어두운 곳(깜둥이 아저씨들은 어두운 곳에서는 잘 보이지 않음)에서 넘어뜨리고, 그 무시무시한 바나나 수확할 때나 쓰는 긴 칼을 들이밀며 꼼짝 못 하게 하고, 입을 틀어막고 무선기도 뺏고, 선수에 있는 비트(배의 밧줄을 붙들어 매는 튼튼한 기둥)에 묶어 버렸던 것이다. 이 사람은 얼마나 놀랐는지 쌩똥까지 싸 놓아 냄새가 진동했다.

 참 기가 막힐 노릇이며, 이 광경이 참 가관이다.

 도둑맞은 것은 고사하고 살아 있는 것만으로도 정말 고맙다. 이 도둑놈들은 몇 명만 몰래 선수에 올라와 당직자가 오기만 숨어서 기다리다가 오니, 넘어뜨려 묶어 놓고 털어간 것이다. 웃어야 할지. 울어야 할지. 참 난감하다. 외화벌이하기가 이렇게까지 힘들 줄이야. 이 깜둥이 새끼들에게 두 눈 뜨고 이런 치욕까지 당할 줄은 그 누가 상상이나 했겠는가. 그들은 살기 위해서. 아무것이나 닥치는 대로 가져다 팔아 돈을 챙기면 된다. 죄의식이란 자체가 없게 생긴 깜둥이니 참 환장할 노릇이다. 독일 선장은 당직자들 도난방지를 철저히 하라지만 선원 수가 적은 우리로서는 한계가 있다. 어쩔 수 없이 눈뜨고 도난을 당할 수밖에 없다.

배에 올라온 아가씨들은 생활이 얼마나 절박했으면, 라면(대한민국의 라면을 세계 각국에 선전한 사람들은 바로 선원들이다. 야식으로 라면을 싣고 다니며 세계 각국의 하역 인부들에게 선물로 숱하게 주고 다녔다. 이후로는 초코파이도 선물했다) 몇 개 주고 옷 벗고 춤춰보라고 하면 춤을 추는데 이게 가관이다. 보면 볼수록 신체구조가 잘 발달 되어있으며, 춤추는 율동에 까만 피부가 번쩍번쩍 윤기가 흐르니, 색기가 발동하여 깜둥이 아가씨도 품어본다.

품어보면 부드러운 피부의 촉감에 또 한 번 놀란다.

어릴 적 선망의 대상인 금발의 유럽 아가씨는 까칠한 돼지

살 같은 촉감과 그 큰 구멍에 X도 죽어버리는데, 이 흑인의 아가씨는 보기와는 다르게 정반대다. 냄새나는 것은 인종마다 다 나는 것이니 어쩔 수 없다. 한국 사람들의 냄새는 김치를 먹다 보니 마늘 냄새도 빼놓을 수 없다는 것쯤은 알고 대처하면 현명한 한국인이다. 아가씨들이 배에 올라오니 선원들이 굳이 상륙해야 할 이유도 없었다. 괜히 아가씨들의 유혹에 상륙하는 일은 극히 위험하다.

하역하는 인부들의 하는 행위를 감안하면 충분히 감지할 수 있었다.

출항할 무렵에는 하역 인부를 20여 명을 배에 태워서 선수루에 있는 간이 침실에 숙소로 제공하고 출항한다. 이들은 하역 완료 후 유럽으로 올라갈 화물을 싣기 위해서 배에 태운 인부들이다.

차항은 가나의 로메항이다.

이 나라는 독일의 지배를 받은 나라여서 그런지 질서가 잡혀있다. 이곳도 도둑들이 있기는 하지만 도둑질하다가 걸리면 현장에서 채찍으로 무자비하게 폭행이 가해진다. 우리가 민망할 정도로 무자비하게 폭행하니 그나마 질서가 있어서 좀 수월하지만 무더위는 피해갈 수 없다.

나이지리아의 웨이리항이다.

긴 강을 따라 들어가야 한다. 무더위 속에 긴 숲으로 우거진 정글의 강을 항해하다 보면 아프리카의 정글답게 원숭이들도 볼 수 있다. 이 강을 따라 들어가야 하는데, 도선사란 사람도 수에즈 운하의 도선사 때처럼 맨발로 올라오니, 선장은 이 도선사가 못 미더워서 선교에서 한 발도 떼지 않고 지켜 서서 주시하고 있으니 다들 피곤하다.

순조롭게 강을 따라서 들어가기가 무섭게 기관실에서 새까만 연기가 나오며 화재 경보가 선내에 요란하게 울려퍼진다.

불이야!

이게 또 무슨 난리인지… 이 좁은 수로(모든 배는 발전기를 두 대씩 설치하고 있음. 만약을 위해서 한 대가 고장 나면 다른 발전기를 사용할 수 있도록)에서 말이다. 선원들을 데리고 기관실 출입문 쪽에 쫓아가서 보니 독일 기관장 전기사는 겁에 질려 사색이 되어 살겠다고 튀어나온다. 물어보니 발전기에 불이 났다고 위험하니 들어가지 말라 한다. 순간적으로 이 불을 꺼야 우리가 살길이다.

만약에 전소시키면 우리는 집에 가야 하고 또 배 타기도 힘든데 앞이 캄캄하다. 우리 선원들은 절박한 맘이 이심전심으로 통했다. 하여 너도나도 닥치는 대로 소화기를 하나씩 들고 무조건 기관실로 뛰어 들어갔다. 기관실 안은 발전기에 불이 붙어 훨훨 타고 있다. 그 불은 마치 '불타는 파리'란 영화와 같았다. 불의 열기와 열대지방의 무더위에 상승한 기관실의 열기로 접근조차 힘들지만 우리는 어떻게 접근했는지 소화기를 터뜨려 불을 향해 너도나도 분사했다.

소화기를 터뜨려본 일도 없으니, 긴가민가하고 무조건 급한 맘에 터뜨려 봤는데, 아 글쎄 성능이 만점이다. 한쪽에서는 소방 호스를 연결하에 물을 뿌리고 또 한쪽에서 소화기를 정신없이 죽을힘을 다해 분사하며 사투를 벌이니, 그 좁은 공간의 기관실은 아수라장이 따로 없었다. 그렇게 정신없이 얼마나 지났을까. 서서히 무서운 화마도 사그라들었다. 한국 선원들은 불 끄는 데 전력질주하여 완전히 진화를 성공한 것이다.

진화하고 기관실에 나오는 우리 선원의 얼굴은 그야말로 가관이다. 눈만 빤히 뵈는 새까만 깜둥이다. 참 기가 찰 노릇이다. 아프리카 깜둥이 나라에 오더니 모두 닮은 꼴이 되었다. 우리는 불을 껐다는 희열에 서로 붙들고 눈물을 흘렸다. 우리는 유럽의 선발대로 최선을 다한 것이다. 육체적으로는 힘들고 고달프지만 이런 때 용기를 낸 것에 대한 뿌듯함이었다.

유럽의 선원들은 살겠다고 도망친 기관실에서 기어 나오고, 우리 대한민국의 선원은 오히려 기관실로 뛰어 들어가 사투를 벌여 진화한 것이다. 바로 이 차이였다. 독일 선장도 이 쪼그마한 동양인 한국 선원들의 정신에 환호와 박수를 쳤다.

"대한민국 넘버 원, 한국 선원들 넘버 원!"

이란 제스처를 보내며 도무지 믿기지 않는 모양이었다.

우리는 모두 군대 가서 제대한 씩씩한 군인정신이 컸다고 거창하게 PR하니, 이 독일 선장은 찰떡같이 믿는다. 선장은 곧바로 이번 화재 건을 회사에 고하고, 한국 선원들이 용감히 앞장서서 진화했고, 한국 선원들의 투철한 정신, 우수성, 협동정신 등이 유럽 선주사에 입소문으로 널리 퍼져 나갔다.

하기사 지들은 살겠다고 기어 나온 민족들이고, 우리는 불을 꺼야겠다 일념으로 불구덩이 속으로 뛰어 들어갔으니… 사실은 우리도 어떻게 껐는지도 모른다. 다만 정신없이 불과 싸워서 이겼을 뿐이다.

선장 부인과 딸까지 와서 다친 선원들 없냐며, 연기에 그을려 눈만 반짝반짝하는 우리의 손을 잡으며 감동 또 감동했다. 결과론적으로 발전기가 아프리카의 더위와 기관실의 열기로 상승하여 화재가 발생했다.

배는 이런 파란만장한 결과를 겪으며 드디어 목적항인 나이지리아의 위리항에 입항했다. 이 나라의 정세가 좋지 않아서 그런지 인부들도 더 거칠고 틈만 나면 아무거나 훔쳐가려고 기를 쓴다. 아프리카의 항마다 하역설비가 열악하다 보니, 어쩔 수 없이 지게차를 싣고 다녔다. 이 지게차도 사용하라고 부두에 내려 주었는데, 이 지게차의 운전자란 깜둥이 아저씨가 후진하다가 그대로 지게차와 함께 강으로 떨어져 빠져 버렸으니, 도무지 믿을 것이라고 아무것도 없었다. 이 상황에 슈퍼카고는 펄쩍펄쩍 뛰며 소동을 치지만 어쩔 것인가. 지게차 운전자는 용케도 빠져나왔지만 모습이 영락없는 물에 빠진 생쥐 모습이니 허탈한 웃음밖에 안 나왔다.

지게차는 아프리카의 항마다 잘 써먹었는데, 선원들을 불러내어 건져 올려서 기관부의 요원들에게 정비를 부탁할 수밖에 없었다. 그동안 아프리카에서 겪은 것을 고려하면 수리를 외부에 의뢰도 할 수 없는 곳이 바로 아프리카이다. 그중에서도 살벌한 곳이 나이지리아인지라 기관부에 부탁할 수밖에 없었다. 무더운 날씨에 수리한다고 땀을 뻘뻘 흘리며 분해하여 조립 완성, 브르르… 시동을 켜니, 독일인 선장, 기관장, 슈퍼카고 등 모두가 한국 선원들이 최고라며 브라보를 외치며, 엄지손가락을 치켜세우며 좋아한다. 우리는 우쭐하는 기분에 이런 것은 식은 죽 먹기처럼 쉽다고 한술 더 떠서 큰소리를 치니, 이 독일인들은 조그마한 동양인들이 겪으면 겪을수록 마냥 신기한 모양이다.

이것마저 없었으면 하역하는데 막대한 지장을 초래했을 것이다. 하역이 늦어져 출항이 늦어지면 그 손해를 다 감수해야 하니, 우리 한국 선원들의 능력이 커 보일 수밖에 없었을 것이다.

아프리카의 마지막 항인 카메룬의 두알라항의 마지막 항이 되다 보니, 그동안 하역장에서 화물을 털어가 빈 박스, 빈 트렁크들이 나온다. 참 기가 찰 노릇이다. 그 무더위에 속에서 선원들이 도난방지를 위해서 땀을 뻘뻘 흘리며 당직근무를 했는데도 이런 내용품이 없는 빈 박스로 나오니 우리는 입이 열 개라도 할 말이 없고 더 곤혹스럽다. 이 아프리카의 사람들은 어두운 곳에서 입 다물고 눈 감고 서 있으면 사람이 있는 줄도 모른다. 이게 바로 보호색이란 것이다. 짐승이 많은 밀림 속에서 살아남으려면 보호색이 잘 발달 되어야 한다.

배의 화물창을 순찰하다가 뭔가 물컹한 것이 밟혀 깜짝 놀라서 확인해보면 이 화물 도둑놈들이니… 그런데 이런 일이 비일비재하니 보통의 일이 아닌 것이다. 결국 이런 화물들은 보험처리하는 것으로 종결되지만, 우리도 최선을 다했는데도 이런 일들이 발생하니 아닌 말로 맥 빠진다.

부두에서 가까운 곳에 시맨스클럽이 있으니 저녁 먹고 놀러 가자고 하여 나가 보니 잘 차려져 있다. 선원들을 위한 휴게소로써 풀장도 있으며, 현지인들은 출입을 엄격히 통제하고, 바에는 깜둥이 아가씨, 백인 아가씨들도 있으니 맘대로 골라서 같이 놀며 맘에 들면 데리고 나가도 된단다.

독일의 지배를 받다가 후에 영국과 프랑스의 통치를 받아서 이런 아프리카의 카메룬도 시맨스클럽이란 것이 잘 되어 있다. 풀장은 유럽의 선원들이 많지만 뜻밖에 동양인이 나타나니 '원더풀~' 하며 맞아준다. 우리가 아프리카에 와서 유일하게 상륙하여 맘 놓고 술 마시며 놀 수 있는 곳이 딱 이곳뿐이다. 엄격한 독일의 식민지 지배를 받아 질서도 있고, 통제가 되는 것이다. 술 마신 선원들의 안전을 위해서 귀선할 때도 승합차로 배까지 무료로 태워다주니 얼마나 좋은지.

이 넓은 아프리카의 대륙이 열강들의 식민지가 되어 생활했고 또 이 흑인들의 신체구조가 잘 발달되어 건장하고 힘도 좋고 미개해서 노예로 부려먹기 좋았을 것이다. 오랜만에 그동안 열대 아프리카에서 무더위와 인종들에게 끝없이 시달려온 피로를 풀장에 들어가 맥주를 마시며 다 날려보낸다.

이제는 화물을 전부 하역했으니 유럽으로 갈 화물을 실으려 적도 기니, 콩고, 앙골라까지 내려가서 목재(코코나) 등을 싣는다. 이런 곳은 하역작업하는 인부들도 없고, 부두 시설도 제대로 된 곳이 없으니 적당한 곳에 닻을 내려놓고, 아비잔에서 데려온 20명의 인부를 시켜서 하역작업을 한다. 다 실으면 유럽으로 회항하는 길에 아비잔항에 들려서 태웠던 작업인부 20명을 내려 주고 올라간다.

　이들은 짧은 기간 동안 큰돈을 벌고 귀가하니, 보아하니 서로 팀원이 되려고 기를 쓴다. 그 깜둥이 팀장은 권한이 독일 배의 2항해사인 대한민국인 나보다 훨씬 센 것 같았다.

회항하며

열대의 아프리카에서 날씨와 그 인종들에게 쉴 틈도 없이 시달리다 보니, 선원들이 피로 누적되어 맥들이 없으니 보통 일이 아니다. 해서 의약품에 그 좋다는 알부빈(좋다고 하여 최근에 피로회복제로 한국에서 인기 있는 약품이 그 옛날의 독일 배에는 비치되어 있었으니)이란 것이 비치되어 있었다. 영어도 제대로 알지도 모르는데, 이 배 타기 전에는 독일어를 들어본 일도 없었는데, 독일 배라고 독일어로 되어있었다. 독일 선장은 제일 힘들어하는 선원에게 혈관주사(포도당에 섞어서)를 놓아주라고 한다. 의약 담당자인 나는 졸지에 울며겨자먹기식으로 돌팔이 의사가 되어야 했다. 그러나 내가 언제 주사기를 만져보기나 했겠는가.

이런 놈이 하얀 가운 입고(의무실에서 근무할 때는 가운을 입어야 하고, 또 공짜로 근무하는 것이 아니라 오버타임의 수당까지 받으니 최선을 다해야 할 의무가 있음) 마치 의사가 환자를 보듯이 해야 했다. 그것도 한술 더 떠서 청진기까지 걸치고서. 선원들은 기가 찰 노릇이지만 그래도 의무실에 들어온 이상은 돌팔이 의사가 시키는 대로 해야만 하고, 아쉬운 놈이 샘 판다고 긴가민가하고 알부민 주사를 맞는다.

그런데 이게 무슨 일인지.

주사 맞은 선원이 하룻밤 자고 나니, 거짓말처럼 비실비실하던 선원이 언제 그랬냐는 듯이 멀쩡히 힘이 넘친다. 어제까지는 돌팔이라고 잔뜩 의심했던 선원들도 서로 먼저 주사약 놓아달라고 매달린다. 그런데 이 알부민 주사약이 많이 비치되어 있는 것이 아니라 2개밖에 없으니 문제다. 사람 팔자 시간 문제라더니, 돌팔이에게 서로 먼저 주사 맞겠다고 통사정하며, 돌팔이란 말이 쏙 들어갔고, 인기남이 되어 서로 여자를 소개해 주겠다고 한다. 하나 남은 것은 나이 많이 먹고 힘들어하는 갑판장을 놓아주니, 이 갑판장도 몸 컨디션이 아주 좋아져 이제는 다음 항차에는 자기부터 놓아달라고 미리 예약까지 한다. 유럽의 배에서는 의약품을 신청한다고 지급해 주는 것이 아니라 배가 종착지인 함부르크항에 입항하면 의약품 보급자가 와서 이 배의 규격에 비치해야 할 의약품들과 숫자에서 부족품만 보충한다. 의무실 키를 받아가서 부족품만 채워주고 선장 서명만 받아가면 끝이다.

우리로서는 상상도 못 한 시스템으로 배를 관리하는 유럽인들의 방식에 브라보!

유럽은 수로와 해양국들의 후예인지라 이쪽으로 잘 발달했는지도 모른다. 어쩌면 기후가 적합하지 않으니, 좋은 곳으로 가려는 욕망을 채우는 길은 오직 해양밖에 없으니 해양이 발전했는지도 모른다.

유럽을 향해 항해하다 보니 선원 중에 감기몸살을 앓는 자들이 속출하는데 이게 또 큰 문제이다. 아프리카로 내려올 때, 독일 선장은 내게 첫 항에 입항하기 전 일주일 전부터 의무실에 비치된 말라리아 예방약을 각 선원에게 초기는 4알씩 저녁 식후 꼭 먹도록 나누어주라고 한다.

해서 나는 시키기는 대로 하면 되는지라 예방약을 전 선원의 각자 테이블에 나누어주었다. 하지만 약을 먹지 않고 짬밥 통에 그대로 버려서 왜 먹지 않고 버리냐고 따지면 자기는 감기 걸린 일이 한 번도 없다는 등 큰소리친다. 그런데 약을 먹은 선원들은 먹은 후 다들 뱃속이 미식미식하다며 토하고 난리가 났다. 그러니 저 돌팔이가 죄 없는 생사람 잡는다고 저놈 죽이겠다고 의무실로 밖으로 찾아다니니, 괜히 발견되면 싸움판이 벌어지겠다 싶어 살겠다고 독일 선장 근무실로 도망가 숨었다.

그리고 사실을 말하니 이 독일 선장은 우리는 다 괜찮은데 왜 너희들만 그러냐며 고개를 갸우뚱한다. 자기로서는 도저히 이해가 되지 않는다며 의무실에 비치된 의약 설명서 책까지 가져다 읽어주며 설명해 준다. 분명히 설명서 대로 이행해서 독일 사람들은 다 괜찮은데, 한국 선원들만 그러니 이해할 수 없는 이상한 종자라고 화까지 낸다. 선장은 괜한 나를 의심한다고까지 한다. 참 귀신 곡할 노릇이다.

선언들은 토하고 배가 아프다며 움켜쥐고… 선원들이 잘못 될까 봐 은근히 걱정됐다. 그렇다고 배를 돌려 아프리카의 가까운 데로 무조건 들어갈 수도 없는 것이다. 시간이 지나니 토한 선원들이 어느 정도 괜찮아지니, 돌팔이 2등항해사 가만 안 둔다고 난리다. 이 정도로 되니, 한국 선원은 그 누가 말라리아 예방약을 먹겠는가.

그러다 처음은 감기몸살인지 알았는데 이게 바로 독일 선장이 꼭 예방약을 먹으라고 했던 그 말라리아란 것이다. 걸린 선원들은 건장한 선원도 우선 골이 아파서 견디어 내지 못하여 식은땀을 뻘뻘 흘린다. 또 오한으로 벌벌 떨어야 하니 차마 옆에서 지켜보기도 힘들다. 말라리아로 사망한 사람들도 있으니… 다행히 이게 전염병이 아니고 모기에게 물려서 발생하는 병이니 그나마 다행이다. 그러니 예방약을 꼭 먹여야 하는데 도무지 왜 그런지는 알 수 없으니 보통 일이 아니다.

궁하면 통한다고 그 누가 말을 했을까.

곰곰이 생각해 보니 바로 그거였다. 무릎을 딱 치고, 총알처럼 선장에게 쫓아가서 설명했다. 유럽 사람들은 체격이 크다 보니 예방약을 4알을 먹어도 견디어 내지만, 동양인은 체격이 작아서 위가 견디어 내지 못해 토한다고 하니, 이 독일 선장도 듣고 보니 일리가 있는 말인지 '맞어. 그렇네.' 하며 맞장구를 친다. 그리고 다음에는 반으로 줄여 2알씩 주고 일주일에 두 번씩 먹도록 하면 된다고 하니 꼭 어린애처럼 좋아하며 어떻게 그런 생각까지 했느냐며 경외의 눈빛으로 나를 본다.

선원들도 말라리아가 얼마나 무서운지 봐서 알고 있는지라, 각자 알아서 예방약을 찾아 먹는다. 신기하게도 그렇게 예방조치를 한 이후로는 아무런 문제가 없었다.

유럽으로 올라갈 때도 사하라 사막의 먼지를 뒤집어쓰다 보니 멀쩡했던 배가 누런 똥색깔로 변해버린다. 벼룩도 낯짝이 있다고 이런 상태로 유럽으로 가서 선주에게는 보여 줄 수는 없었다. 가는 길에 비가 내리면 전 선원들이 바케스에

물을 담고 하이타이 타서 배 여기저기서 닦고, 선교에서는 배를 빙빙 돌려서 여기저기 씻긴다.

정말 독일 사람들이 이런 별별 일을 시킬 줄이야.

배에 실려 있는 물로 시간 나는 대로 씻어내리면 좋으련만 지독한 독일 사람들이라 청수도 아끼라고. 목 빠지게 비 올 때를 기다리다가 시키니 할 말이 없다. 살다 보니 정말로 외화벌이 한번 힘들다. 이렇게 푸닥거리해서야 겨우 배를 탈 수 있으니 안 할 수도 없다.

2부

김치 좀 주세요

차범근 씨 때문에

유럽인들의 축구 열기를 뺀다면 아마 취미가 없을 정도로 열광적이다.

이렇게 축구에 그야말로 미쳐버린 독일인 특히 이 꺽다리 선장은 그렇게 축구가 좋으면 축구나 하지 왜 배를 타고 다니는지 이해가 가지 않을 정도다. 배가 항상 움직여 수시로 전파 방향도 배의 침로를 따라서 변하니, 잡음도 많고 끊겼다 들렸다가 하는 라디오(텔레비전은 없었음)를 듣다가 자기가 좋아하는 팀이 골을 넣으면 배가 떠나가도록 난리다.

그런데 이게 선장만 그런 것이 아니라 부창부수란 말이 이 유럽에도 있는지 온 가족이 합창하니 그 모습들이 참 볼만하다. 선장은 얼마나 치밀한지, 선수들의 이름을 다 기재하고 골을 넣으면 몇 번째 골 등을 체계적으로 다 기록했다(이때에는 한국은 감독도 기록도 하지 않았음).

감독도 선수도 아닌 일반인이 이렇게까지 기록하고 있으니, 독일의 축구 열기가 얼마나 대단한지를 알 수 있었고, 히틀러의 2차대전도 독일인들의 이런 열정들이 있었기에 가능했으리라 생각도 든다.

 이런데 이때 대한민국의 차범근 씨가 무슨 재주로 독일에 왔는데, 골을 아주 잘 찼다. 이 독일 선장은 한국 사람들 대단하다고 우리만 보면 "차범, 차범" 하며 엄지손가락을 치켜들었다. 선장뿐만 아니라 독일 사람들이 동양인만 보면 무조건 "차범, 차범!" 하고 외쳐댔다.

 그러면 나는 선장에게 한술 더 떠서 차범근 씨뿐만 잘 차는 것이 아니라 한국 사람들은 다 군대를 갔다 와서 군인정신과 반공정신도 아주 투철하고, 깡으로 다 잘 찬다고 한국인의 우수성을 정말 귀가 따갑도록 말했다. 선장은 찰떡같이 딱 믿고 좋아한다. 그동안 대담하게 화재 진압과 작은 체구로 끈기 있게 일을 잘하는 우리를 겪어왔으니 안 믿을 수 없었을 것이다.

 그러다가 로테르담에 입항하게 되어 부두에 접안했는데, 가는 날이 장날이라고 네덜란드의 국경일로 2일 동안 작업을 하지 않는다는 대리점 통보가 왔다. 모처럼 휴식을 취하는데 본선의 뒤쪽에 접안한 영국 배의 선원이 선장을 찾아왔다. 직무실로 안내하니, 이 영국 선원 왈, 내일 네덜란드의 국경일로 하역작업도 없고, 축구 운동장이 있으니, 축구시합을 하자고 제안했다. 이 독일 선장 귀에 번쩍 뜨였는지, 차범도 모르냐, 차범과 같은 한국 선원들이 승선하고 있다며 얼씨구 잘 됐다고 흔쾌히 승낙하며 큰소리 빵빵 쳐대는 모습이 마치 어린애 같다.

이들은 아직도 2차대전의 앙금이 남아 있어서 서로 말도 잘 하지 않았고, 그 앙금이란 우리와 일본의 감점과 같을 것이다. 영국 선원들의 축구 시합 제의에 신바람 난 이 독일 선장은 대리점에 연락하여 선원들 타고 갈 차량 지원을 의뢰하고, 나보고 한국 선원들의 축구 시합 멤버들을 잘 짜라고 지시했다. 자기는 내일 축구 시합하는 한국 선원들을 위한 음료수와 간식 등을 구입하러 간다고 했다. 독일인들은 절대로 맥주 한잔 건네는 법이 없다. 줄 이유도 없고 또 달라고 하는 자도 절대로 없고 마시고 싶으면 각자 사 마시는 민족이다.

이런 사람들이 낼 축구 시합을 하기 위해서 선장 가족들이 다 징발되어 쇼핑을 나갔다. 언제 우리가 축구 시합을 할 일도 없었고 해서, 몸 빠르고 젊은 선원들을 차출하여 11명의 멤버를 짜서 선장에게 제출하니, '차범 차범' 하며 무조건 좋아 죽겠단다. 독일 선장이 '차범 차범' 할 때마다 한국 사람들은 군대를 다 갔다 와서 다들 축구를 잘한다고 해왔으니, 선장은 생각만 해도 저절로 신바람이 났던 것이다.

우리는 그래도 깡도 있고, 젊음이 있으니, 해볼 만하다고 생각하며 내일을 위하여 결의를 다졌다. 작업도 없고 축구 시합(오후 1시부터)을 위해서 늦게 일어나서 점심 먹으러 가니, 이 선장 가족들이 한국 축구 선수들을 위해서 다 주방에 나와서 점심 준비까지 하고 있었다. 덕분에 점심 잘 챙겨 먹고, 운동장에서 몸들을 풀기 위해서 일찍들 출발했다.

독일인들은 독일 국기와 태극기를 챙겨 들고 나서니 기대가 잔뜩 된다.

운동장에 도착해서 보니 억 소리가 저절로 나온다. 머리 털 나고 말은 들었어도 눈으로 구경도 못한 잔디의 축구장이 아닌가.

그리고 관중석들!

그리고 유니폼 등!

우리는 아직까지 겪은 적 없는 것들인데, 이 유럽에서는 이미 이렇게 생활화되어 있었다. 참 기가 막힐 뿐이다. 영국팀도 일찍 와서 유니폼을 입고 서로 패스하며 몸을 풀고 있는 모습을 보니 저절로 웃음이 나온다. 그 좋은 체격을 보니, 이들은 축구를 잘하는 사람들을 선발하여 선원들로 승선시켜서 전문적으로 많이 축구 시합을 해서 영국의 우수성을 선전하고 다니는 것 같았다.

이들의 체격에 비교해서 우리들의 체격은 겨우 고등학생들의 체격밖에 되지 않고 그야말로 오합지졸로 구성되었지만 오직 그 알량한 애국심과 깡으로 맞서야 한다. 그렇다고 해 보지도 않고 꼬리를 내릴 수는 없지 않은가.

시합 시간이 되어 양 선수들 유니폼을 입고 그라운드 중간에 서서 서로 심판(공정한 심판을 위해서 제3국인 네덜란드인의 축구장 관리인)의 신호에 따라서 인사를 하고, 기념사진까지 찍고 보니, 완전히 졸지에 국제 축구 시합이 이 네덜란드의 로트르담에서 벌어진 것이다.

한국과 영국의 시합!

이역만리까지 와서 팔자에도 없는 국제축구시합까지 할 줄을 그 누가 상상이나 했겠는가. 그것도 완전히 차범근 씨 때문에. 우리는 두 어깨가 무거웠다. 양 팀의 응원단은 비록 꽉 찬 인원은 아니지만 열열한 독일인과 영국인!

심판관의 휘슬에 게임 시작.

시작되자 시합은 잘 훈련된 셰퍼드와 똥개가 싸움하는 것과 같았으니, 우리는 사력을 다하여 용을 쓰지만 15분에 한

골을 먹은 것도 모자라서 전반전에 내리 3골을 먹었다. 전반전을 마치고 나와보니 열렬히 응원하던 선장과 가족들이 어디로 갔는지 보이지도 않았다.

대리점 아저씨에게 물어보니 전반전에 우리가 지니 도망갔다는 것이다.

이미 시작된 게임인지라 휴식을 취한 후 후반전을 개시. 후반전에는 운 좋게 한 골을 만회. 그것도 작은 키로 헤딩 슛을 하며 사력을 다해 선전했지만, 후반전에도 내리 세 골을 더 먹고서야 시합은 끝났다. 시합 끝나고 배로 들어가는 길이 꼭 도살장에 들어가는 기분이랄까.

독일 선장 얼굴을 어떻게 볼 것이며, 차범근 씨를 앞세워 큰소리 팡팡 치던 우리들의 말을 믿고 덩달아서 영국인에게 한술 더 떠서 큰소리쳤던 선장이 아니었던가. 그런 사람들이 6:1로 대참패했으니, 벼룩도 낯짝이 있다고 하는데 무슨 얼굴로 보며 변명할 것인가. 차라리 게임이나 하지 않았으면 계속 한국 선원들의 우수성을 계속 PR이라도 할 수 있었는데, 이제는 그 차범근 씨로 인하여 밑천 다 보여주어서 완전히 뽀록나고 말았다.

이후로는 그 축구에 미친 꺽다리 선장은 얼마나 상처를 받았는지, 축구 축 자도 꺼내지 않았다. 그리고 우리에게도 승패에 대한 이야기도 없으니 참 기가 막힌다. 나하고는 아무 인연도 없는 차범근 씨지만 자다가도 차범근 씨를 생각하면 저절로 실소가 나온다. 이런 일이 있었다는 것을 안다면 차범근 씨도 웃을 것이다.

고집불통

도버해협에 들어가기 전에 프랑스의 북쪽 영국과 제일 가까운 우산트란 수로를 통과해야만 한다. 점심 식후 12시부터 16시까지 당직이라 선교에 올라가서 레이다로 확인해보니, 내 당직시간에 통과하게 되었다. 그런데 그동안 통과해 왔던 항로의 수로가 아닌, 먼 바다 쪽으로 우회하여 타 선박들이 항해를 하니, 내가 위치를 잘못 구한 것인지 재차 확인해 봐도 틀림없었다.

우리 배만 그 수로로 접근하며 항해하고 있는 것이다.

선장 취침시간(꼭 점심식사 후 오침을 하며, 경력이 없는 3등항해사 당직근무를 할 정도니 휴식이 필요함)이지만, 선장이 늘 강조해 왔던 이상하거나, 시야가 나빠지거나, 배들의 통항이 많거나 의심스러우면 시와 때를 가리지 말고 보고를 하라고 강조해왔다. 또 그렇게 그동안 이행을 했는지라(동양의 선장 특히 일본이나 한국 선장들은 자는 시간에 보고했다가는 2등항해사가 그것도 못 한다고 한마디로 부족한 2등항해사라고 나무라는 선장들이 태반임), 해서 선장에게 전화로 상황보고를 하니, 급하게 선교로 올라와서 항해지도의 내 위치를 의심하고 자신이 직접 위치 확인해보니 똑같은 위치가 되니, 그냥 수로 따라 들어가면 된다고 자기가 직접 조타수에게 오더하며 접근해 갔다. 그러나 가다 보니 수로 중앙에 새까만 큰 군함이 딱 버티고 수로를 막고 있어서, 직감으로 뭔가 잘못되었다는 것을 느꼈다.

  독일 선장에게 우리도 앞에 가는 배들을 따라서 우회하자니, 내가 이 배의 선장이니 아무 말 하지 말라고 큰소리친다. 조타수는 키를 수동으로 잡으라고 지시까지 하며 수로를 향해갔다. 수로 중앙에 있는 군함에 가까워지니, 이 군함이 새까만 연기를 냅다 내뿜으며(엔진 시동한 것음) 움직이기 시작하고, 하늘에는 어디서 왔는지 비행기가 나타나서 아주 낮게 비행하며 우리 배를 선회하면서 우리를 불러댔다. 앞에는 군함이 가로막지, 하늘에는 비행기가 선회하며 불러대니 혼이 다 빠지고 머리털 나고 이런 일이 없었다. 그 잘난 돈 좀 벌려고 유럽까지 와서 재수도 없게 죽는 것 아닌가 덜컥 겁이 났다. 이 키다리 선장을 보니, 이 선장도 얼굴빛이 완전히 죽은 똥 빛깔이다.

　VHF(선박과 육상이 통화할 수 있는 무선 전화기)를 통한 비행기와의 통화에서 '훈련 중이니 빨리 우회하라'는 지시를 받았다. 선장도 이제는 어떻게 할 수 없으니 지시에 따를 수밖에.

　선박의 호출부호, 국적, 출항지, 차항 입항지. 입항 예정일 등 상세히 물어본 후 비행기가 떠나가니 살 것 같았다. 살다 보니 별일을 이 유럽까지 와서 겪으며 외화벌이를 해야 하다니. 내 보고를 무시하고 지 고집만 피운 선장은 머쓱한 표정을 지으며 서둘러 선정실로 도망치듯 달아났다.

　차항인 스페인 빌바오항에 입항하여 부두에 접안하고, 독일 본사의 감독이 대리점 안내를 받으며 본선 방문을 무슨 급한 일이 있어서 왔는지 하역작업 준비를 마치자 작업개시했다. 당직근무를 마치고 나니, 선장이 나를 보며 앞으로 항해 당직 중, 무슨 일이 있으면 즉시 선장에게 보고하라고 지시한다.

　우산트 수로 건으로 왔으며, 벌금 2000불이 나왔다며 앞으로는 이런 일이 절대로 없도록 하라고 선장 앞에서 감독이 직접 주의를 준다. 이 선장이 뭐라 했길래 이런 말이 나온 것인가. 감독에게 즉시 항의하고 이의를 제기하고 싶었지만, 약자는 우리며 또 앞으로는 이런 일이 없도록 하리니, 파리 목숨은 우선 살았으면 된 것이 아닌가 하는 생각이 들었다. 그래서 "언더 스텐" 하고 간단히 대답하니 잘하라고 어깨를 두드린다.

보아하니 감독이 온 것은 이 사건의 항해 당직자를 하선조치를 시켜서 한국 선원들에게 본보기를 보이려 왔지만, 선장이 뭐라 보고했는지는 알 수 없지만, 선장이 양심은 있었는지, 하선 조치는 면하게 하고 주의를 주는 선에서 끝나도록 한 것이다.

내가 왜 보고를 안 해. 하도 답답해서 앞 배들 가는 곳으로 따라가자고까지 하니, 내가 선장이라고 하면서 수로로 진입하다가 벌어진 것인데…

여기서 콩이냐, 팥이냐 하며 따져봐야 외화벌이에 지장만 받으니, 파리 목숨 살았으니 모른 척하고 넘어가는 것도 동방예의지국의 처신일 것이다.

배고파 못 살겠다!

 한국에서 나올 때, 유럽으로 가면 우리들의 주부식의 조달이 쉽지 않을 것은 삼척동자도 다 아는지라, 한국에서 출항할 때 최대한 잔뜩 싣고 왔다. 하지만 그 많던 주부식도 시간이 지날수록 이것 떨어져, 저것 떨어져 선상 생활에 어려움을 초래하여 선원들의 불평 소리가 여기저기서 나온다.
 특히 주식인 쌀이 큰 문제이다. 쌀이 떨어져 좋은 쌀을 실어달라고 특별히 소리쳐 요청해도 우리가 보기로는 제일로 싸구려 안남미를 실어주었다. 이 독일놈들이 아무리 지독한 놈들이라지만 돈 몇 푼 차도 없을 싼 안남미 밥을 먹고, 그 힘든 일을 하라니, 해도 해도 너무하고 도저히 우리로서는 이해 불가였다.
 안남미로 밥을 해 놓으면 바람이 불면 날아갈 정도였다. 밥심으로 일하는 우리는 그 안남미의 밥 잔뜩 배불리 먹어봐야 금방 꺼져서 일하는데 배고파서 허우적거렸다. 도저히 이래서는 안 되니 함부르크에 도착하면 한국 사람들의 본때를 보여주자고 단결, 함부르크에 도착하면 배고파서 작업을 할 수 없다고 전 선원이 작업을 거부하고, 값싼 안남미를 또 실어주면 우리는 영사관을 통해서 귀국하겠다고 단결했다. 영어를 제일 잘하는 3등항해사를 시켜서 선장에게 우리의 주장을 전달하니, 이 선장은 망아지 날뛰듯이 깜짝 놀라며 또 무슨 소리하느냐며 얼굴이 붉으락푸르락하며 골 아프다고 머리를 싸맨다.

그러면서 너희들이 요청한 대로 제일 비싼 쌀을 실어주었는데 무슨 말을 하느냐며 난리를 쳐댄다. 본사에 전화하여 본선 현 상황을 보고하면서 3등항해사가 주동자라고 하고는 전화를 끊어버린다.

선장 말대로 트러블 메이커인 내가 주동자인지 뻔히 알면서 왜 여기서는 엉뚱한 3등항해사라고 그야말로 황당한 보고를 하여, 멀쩡한 생사람까지 잡는 기술을 가진 독일 선장이란 것을 난 미처 알지 못했다. 나는 3등항해사에게 너무 미안해서 하선시키면 나도 같이 하선하고, 귀국 경비는 모두 내가 부담할 테니 걱정 말라고 다독였다. 그러고는 이 선장은 업무실에 들어가서 꼴도 보기 싫다는 듯이 나오지도 노크를 해도 노코멘트!

함부르크에 접안 완료하고 보니, 본사의 감독이 누구인지는 알 수 없는 동양인을 대동하고 쫓아 올라와 선장 업무실로 직행한다. 좀 있으니, 주방장과 골 아픈 나를 불러서 이 사람이 한국인 선식을 함부르크에서 한다며 쌀을 설명하라고 한다. 선식 사장 말씀이 유럽 시장에서는 안남미가 주식으로 사용하여 비싸며, 우리가 먹는 쌀은 너무 찰져서 소화도 잘 안 되어 유럽에서 싸구려 쌀이란다.

아니, 이런 일이 있을 줄이야.

우리는 꿈에도 모르고 뭐 스트라이크 운운했으니… 참 이런 일도 있다니. 감독이 함부르크에 있는 한국의 선식집을 수소문해서 정말 어렵게 그것도 갓 시작한 한국인 선식을 찾아서 직접 픽업해서 배에 데려왔으니…

이 독일인 감독의 한국인 배려에 감동 또 감동!

감독은 한술 더 떠서 쌀이 싸니, 잔뜩 실으라고 주방장에게 웃으며 지시까지 한다. 선장도 상황을 이해하고 '쏘리. 난 안남미가 제일 좋은 거라서 실었는데 이런 오해가 있었네'라며 웃고, 나도 미안하고… 그야말로 해피 엔딩으로 끝났다. 이걸 계기로 한국인 선식은 독일 선사에 납품하는 계기가 되어, 후에 번창한 선식집이 되었다는 말을 들었다.

선장의 아픈 이

 본선이 선발대의 1차선이 되어, 동서양의 문화 차로 많은 시행착오를 겪으며, 2차선 3차선까지 다 똑같은 항로로 투입되어 운항이 되니, 오다가다가 서로 만나면 무선 통신으로 서로 고달픔을 달랜다.
 그렇다고 이역만리 먼 곳 바다에서 한 민족을 만났다고 기관을 끄고 서로 손잡고 악수하는 것도 아니고 그냥 전속으로 스쳐 지나가지만 서로 손 흔들며 안전 항해를 빌 뿐이다. 그래도 우리처럼 외화벌이에 고생하는 같은 민족이기에 이역만리에서는 형제인지라 찡하는 맘만 남는다.
 네덜란드의 암스테르담을 출항하여 함부르크로 항해하는데, 나이 어린 3등항해사가 배가 아프다며 고통을 하소연하니, 이 돌팔이가 할 수 있는 일은 겨우 진통제밖에 없다. 그렇다고 수술 도구가 다 비치되어 있다고 한들 돌팔이 의사가 배를 째고 확인 할 수도 없는 일이다. 외상 같으면 치료를 해주면 되는데, 배 속이 아프니 대한민국의 젊은 선원으로서 선장에게 추호의 부담도 주기 싫은데도 오죽이나 아프면 이역만리 타향까지 와서 하소연하겠는가.

아무리 긴급상황은 아닌지라, 목적항 함부르크에 도착하여 병원으로 이송이 되었다. 병원에 간 3등항해사가 저녁이 되어도 귀가하지 않으니, 선원들은 걱정만 더 커진다. 아무 탈 없이 같이 타고 같이 귀국해야 하는데…

다음 날 오전 10시경에 선장이 3등항해사의 소지품을 전부 가방에 넣어서, 연락하러 온 대리점에 주라고 지시한다. 맹장염으로 수술을 한 후 경과를 봐서 귀국해야 한다고 한다. 이건 또 무슨 날벼락인가. 다 같이 승선계약 만기를 채우고 같이 가야 하는데, 어린 3등항해사를 이 지독한 독일에 혼자 떼어 놓고 가야 한다니. 어찌 나만 이런 맘이겠는가.

그런데 이 선장은 남 속도 모르고 잘 되었다고 좋아서 신이 났다(선장의 입장에서는 3등항해사가 나이도 어리고 경력도 없으니 모든 것이 미숙하니 특히 유럽에 오면 거의 3등항해사의 행해 당직을 선교에서 서야 하고 또 그놈의 쌀 문제 등으로 트집 잡아 보내려고 기회만 엿보고 있었음. 해서 우리도 이들과 근무를 같이 하다 보니 저절로 눈치 9단이 되어 절대로 트집 잡을 기회가 없도록 노력함). 결국 젊은 3등항해사를 이렇게 함부르크에서 병가로 보내야만 했다.

1등항해사도 하선 당하여 귀국 조치 되어 독일인 1등항해사가 승선하게 되었고, 3등항해사는 병가로 귀국하게 되었으니, 이제 항해사는 2등항해사만 남게 되어 모든 것이 이제는 꼼짝없는 파리 목숨으로 남았으니, 죽으라고 하면 죽은 시늉이라도 해야 할 판이다.

3등항해사 당직은 선장이 근무하고, 새로운 3등항해사는 서아프리카의 아비장으로 온다고 회사의 지시를 통보해 준 것으로 일단락되었다. 선장은 어찌 되었든 눈엣가시 같았던 3등항해사가 말썽으로 강제 귀국 조치(이런 경우는 선장의 근무 평가에 감점 요인으로 작용할 수 있음)가 아니라, 스스로 병가로 가게 되었으니 이 이상 좋을 수 없다.

유럽에서 화물 다 싣고 다카에 들려 하역해 주고 드디어 아비장항에 입항하게 되었으니, 새로 올 3등항해사는 어떤 사람인지 전 선원이 궁금했다. 접안 할 때 모두 갑판으로 나와 부두를 주시하며 서로들 부두에 서 있을 3등항해사를 찾아보았다. 하지만 이 구름 떼처럼 모여든 이 깜둥이 인파 속에서 쉽지 않았지만 부두에 가까워지니, 분명 한국인이 대리점과 함께 서 있는 것이 아닌가. 가까이 가자 분명 집에 가 있어야 할 그 3등항해사가 괴나리봇짐을 들고 서 있다. 이게 또 어찌 된 일인지는 3등항해사가 배에 올라와서 이야기해야 알 수 있는 일이지만, 이 지독한 독일 선장은 얼굴이 붉으락 푸르락하여 "갓뎀, 갓뎀!" 하며 쌍안경으로 확인해보고 쌍안경을 던져버리듯 한다.

배를 접안 후 집에 갔어야 할 3등항해사 왈 병원에서 수술 후, 쉬다가 의사가 재승선하라고 소견서를 회사에 보내 자기도 선장 꼴도 보기 싫어 집에 가고 싶었지만, 병원의사의 지시대로 따를 수밖에 없어서 비행기 타고 아비장으로 도착하여 이틀 자고 대리점이 다시 픽업해 데리고 와서 배에 왔다고 한다. 참, 사람 팔자 시간 문제라더니. 이 3등항해사가 다시 올 줄이야.

선장만 꿀 먹은 벙어리가 되어 미칠 노릇이 되었으니, 아무리 지독한 독일 선장인들 이 귀신 곡할 노릇을 그 어찌하겠는가. 나로서는 생각하지도 않는 3등항해사가 돌아오니, 선장은 죽을 맛이고, 한국 선원들은 마치 죽은 자식이 살아 돌아오는 것 같아서 우리는 모두 뜨겁게 맞이해 주었다.

3등항해사는 본선에 승선하기가 무섭게 무더위의 열대 기후와 도난방지 등으로 힘든 정박 당직부터 시작하게 되었지만, 3등항해사와 함께 근무하는 부원 당직자들이 조금 더 순찰하고, 3등항해사는 괜찮다고 하지만, 시원한 선원 식당에서 자주 쉬어 가면서 근무하라고 지시를 하니, 다들 당연하다고 받아들이고, 말썽이 일어나지 않도록 이행한다.

서아프리카의 콩고까지 가서 목재를 싣고 회항하는 길에는 언제나 해왔던 아비장에서 승선했던 20명을 하선시키기 위해서 아비장을 향해 중이었다. 당직 끝나고 식당에 내려와서 점심을 먹고 난 3등항해사가 갑자기 배가 아프다며 자기 방도 못 가고 통로에서 배를 움켜쥐고 사색이 되고 식은땀을 흘리며 쓰러졌다. 점심에 뭘 잘못 먹었는지 주방장에게 물어보니 다른 선원들 먹은 대로 먹었다고 한다. 그럼 왜 점심 먹고 쓰러졌지? 선원들은 급체한 것이 틀림없으니 바늘을 가져다가 엄지손가락을 따서 피를 내면 낫는다고 손가락을 따고, 이 돌팔이도 도무지 감을 잡을 수 없다.

급성맹장염으로 그렇다고 할 수도 있지만, 수술하고 재승선까지 했으니 의심도 가지 않는다. 멀쩡한 젊은 친구 죽는 게 아닌지 겁이 덜컥 났다. 돌팔이들의 만능처방인 진통제와 소화제(식후의 통증으로)를 주었지만 별 차도가 없으니, 신속히 병원으로 후송하기 위해서 선속을 높이기 위해서 알피엠(RPM)을 맥시멈으로 하고, 아비장 대리점에 접인과 동시에 즉시 앰뷸런스와 병원을 수배 의뢰하고, 본사에 현 상황을 보고한 후, 아비장에 접안과 동시에 병원 이송되었다. 배를 타다 보니 별 희한한 일들이 벌어졌다. 선진국도 아닌 도둑놈들의 소굴인 이곳에 혼자 내려놓고 간다는 것이 그저 미안할 뿐이다.

선장은 3등항해사가 또 병으로 집에 가게 생겼으니 좋아할 것 같은데, 자라보고 놀란 가슴 솥뚜껑만 봐도 놀란다고 한 번 당해서 꿀 먹은 벙어리가 되었던 체험이 있는지라, 이번에는 아예 내색도 하지 않는다.

이제 아프리카에서 다 끝났으니 유럽을 향해 기계처럼 무조건 올라가야만 한다.

올라가면서 선원들은 3등항해사가 유럽에 도착하면 또다시 올라온다, 아니다 새로운 3등항해사가 올라온다며 나름대로 예측하고 떠들어댄다. 네덜란드의 암스테르담항에 도착하니 아비장에서 병원에 갔던 3등항해사가 또다시 올라오니…

참 기가 막힌다.

세상에 어떻게 이런 일이 있겠는가. 듣지도 보지도 못한 황당한 일이 이 독일 배에서 벌어지고 있으니.

3등항해사 왈, 병원에 가서 검진한 결과는 맹장염을 수술

한 부위가 염증이 생겨서 터져서 재수술하고, 이번에는 완쾌되어 왔단다. 유럽의 독일에서 장염을 수술한 후, 완쾌되지 않은 상태에서 무더위 열대에서 무리하게 근무하다 보니 재발한 것이다.

그 누가 재발할 줄 알았겠는가.

이 배와 3등항해사는 무슨 인연으로 이렇게까지 잔인한지…

아프리카에서 아시아로 가는 비행기의 항로도 빈약해서 부득이 유럽을 경유해서 가야 하고, 또 유럽에서 아시아까지 가는 거리도 긴 항로인지라, 차라리 그럴 바에는 그냥 본선에 타는 것이 낫다고 한국 회사와 본사가 타협하여 3등항해사를 다시 본선으로 보낸 것이다.

이 젊은 3등항해사는 실습선 타보고 처음 승선하는 배에서, 그것도 힘든 독일 배에서, 말도 많고 탈도 많으니 더 이상은 배 타고 싶은 맘도 없을 것이다.

하늘에다 침을 뱉어 봐라?

우리의 선원들은 전부 해군이나 육군을 제대하고 승선했고 또 안보 교육도 받았으니 투철한 반공정신으로 무장된 선원들이다. 그런데 이 독일 선원들은 6개월만 근무하면 휴가를 간다. 우리는 1년 이상을 근무해야 휴가가 주어진다(최근에야 6~8개월 휴가를 준다).

그런데 독일 선원들이 휴가를 가면 교대자로 오는 선원들이 그 무서운 공산국인 폴란드인이나 유고슬라비아인들이다. 괜히 이들과 같이 근무하다가 빨강물 들까 봐 걱정도 되는데, 이 빨갱이들이 감히 겁도 없이 어디라고 올라온다는 말인가.

기관장으로 폴란드인과 전기사 유고슬라비아인이 올라왔는데, 기관실에서는 이들이 승선한 후로는 조용한 날이 없었다. 시도 때도 없이 직속 상관인 기관장에게 대들고, 전기사는 안 보이는 데서 아예 쥐어박아, 그 일로 어린애처럼 눈물을 흘리며 울고 있으니 이게 될 일인가. 나도 왠지 모르지만 공산국이란 것만으로도 싫은데, 근무시간마다 봐야 하는 기관부 선원들은 오죽하랴. 또 이들은 즉시 선장에게 쫓아 올라가서 그 큰 키에 철딱서니도 하나도 없이 일러바치니, 역시나 공산국 놈들은 달랐다. 우리 선원들에게는 저 죽일 놈들이 바로 공산당이었다.

중학교 다닐 때부터(초등학교 다닐 때는 우리의 소원은 통일이란 노래를 부르며 졸업했다. 중학교 때부터는 '때려잡자'라고 앞장서서 외치며 반공을 했음) 우리들의 가슴을 뭉클하게 했던, 전국반공웅변대회로 사상교육이 부족해서, 군대 생활하면서는 때려 잡자 공산당, 때려 잡자 김일성이라며 반공교육으로 정신무장을 하다 보니 아예 공자란 글자도 보기도 듣기도 싫을 정도로 뼛속까지 스며든 반공정신이었다. 그런데 그 폴란드의 공산당과 함께 근무하고 생활하다니, 우리에게는 어림도 없는 일이었다. 따라서 찬스만 있으면 트집을 잡아서 쥐어박았다.

그것도 기관부 당직자마다 그러니 이 폴란드 기관장과 유고슬라비아인의 전기사는 조금 더 보태서 얘기한다면 선장의 근무실에 살다시피 한다. 괜히 나갔다가는 한국 선원들의 눈에 띄어 맞을까 봐.

　그러니 이 독일 선장은 '왜 그러냐. 도저히 너희들을 이해할 수 없다'고 그 큰 키로 눈을 부릅뜨고 화를 내며, 다 똑같은 선원들인데 왜 집단 폭행과 학대를 하느냐고 한다. 우리는 거창하게 저놈들은 공산당들이기 때문이다. 남북으로 분단된 것으로도 모자라 전쟁까지 일으킨 나쁜 공산당이며, 너희들의 독일도 공산당들의 원조인 소련 때문에 동서독으로 분단된 것이라며, 그것도 모르냐며 오히려 선장을 가르치려고 달려들었다. 결국 이렇다 보니 꺽다리 독일 선장도 이 조그마한 민족에게는 도저히 안 되겠는지, 서독인의 선원들로 기관장과 전기사를 승선시켜야만 했다.

　아프리카 가나의 로메항에 입항하여 외항에서 접안은 했지만 국경일로 작업이 없어서 선미 쪽에 비치된 보트를 선원들과 점검 및 정비를 하고 있는데, 생각지도 못한 일이 일어났다. 바로 그 무서운 북한놈 둘이서 계단을 올라오다가 우리(남조선인)가 승선하고 있을 줄은 꿈에도 생각 못 하고 부딪혔다.

　저 진짜 빨갱이를 벌건 대낮에 때려잡을 수도 없고 망설이고 있는데(이북 사람들은 어디를 가도 한눈에도 알아볼 수 있음. 어눌해 보이고 옷도 사대에 전혀 어울리지 못하고 후지고 또 걸음걸이까지 유별나서 쉽게 식별됨), 나이 먹은 이 북조선 동무 왈 "아이구, 남조선 동무들. 이 무더운 아프리카까지 와서 외화벌이에 정말 수고가 많습네다"라며 말을 건낸다.

우리는 대답하지 않고, 어찌 여기로 올라왔냐고(현관에 당직자가 있는데, 이들은 쥐새끼처럼 빠져나와서 잠깐 현문당직자가 비운 사이, 쏜살같이 배의 뒤쪽으로 올라온 것이 틀림없이 이들은 도둑이었다. 현관 당직자의 안내를 받으며 실내 통로를 따라서 이동을 해야 함) 의아해하며, "아니, 무슨 말을 그렇게 합니까? 당신들이야말로 수고하지. 우리는 이 독일 배에서 한 달에 거금 600불씩 벌며, 1년 동안 돈을 벌면 집도 사고 여행가고 할 수 있는데, 무슨 말을 그렇게 합니까?" 했다.

그랬더니 "남조선 사람들 거짓말 잘합니다. 어떻게 1년 벌어 집을 삽니까? 우리끼리 거짓말하지 맙시다!" 젊은 이북 친구가 목소리 높여 따지듯 거칠게 말했다.

그래서 "아니, 무슨 말을 그렇게 합니까? 이 독일 배도 한국에서 만들어서 타고 온 배인데, 왜 우리가 거짓말을 합니까?" 받아쳤다.

(나이 많이 먹은 이북 사람은 호기심과 남한의 현실을 알고 싶어하는 눈치가 역력했지만, 젊은 사람의 눈치를 보며 한마디로 말도 안 되는 말들을 서로 경쟁이나 하듯이 지껄여 댔다. 같

은 민족인데 서로 다른 사상으로 분단의 결과가 이제는 서로 대화도 통하지 않게 되었다. 이들의 언행을 보니 나이 먹은 사람은 6·25 전쟁의 전에 태어나 남한에서 살아본 사람 같았고, 젊은 사람은 전쟁 후에 이북에서 나고 커서 완전히 빨갱이 언행을 하는 것임)

도저히 대화가 되지를 않아 도대체 용무가 무엇인지 물어보니, 독일 선장을 만나러 왔다고 했다. 내 할 일도 있는지라 서둘러 선장의 집무실로 안내하고 보니, 이 친구들 무선 통신 전화기를 사용 좀 하자고 선장에게 말한다. 우리에게는 공격적으로 말을 하던 이 친구들은 독일 선장에게 그 억센 이북 말투로도 부드럽게 이야기하고 있었다.

선장은 귀찮다는 듯이 통화하라고 허락해 주어, 데리고 선교에 가서 무선전화기를 켜주니, 이 북조선인은 무슨 전쟁 중에 호출하는 목소리로 북조선 배(어선)를 큰 목소리로 냅다 불러댄다.

"응답하라, 응답하라. 여기는 인민조선공화국. 응답하라… 응답하라!?"

응답이 없으니 더 큰 목소리 호출하지만 끝내 응답이 없다. 결국 통화도 못 하고 내려갔는데 두 번 다시 오지 않았다. 분명 통화를 못 했으니 오겠지만, 우리가 있으니 오지 못한 것 같았다. 선장에게 그 공산당 빨갱이들 통화도 못 하게 거절하고 쫓아내지 않고, 사용하라고 허락했느냐고 항의하니, 선장은 도저히 이해할 수 없다는 듯이 고개를 절레절레 흔들며,

"너희들은 한민족이 아니냐?"

한민족이라 대답하니,

"너 하늘에다 침 뱉어봐라. 바로 네 얼굴에 떨어지는데, 어쩌면 너희는 그런 행위를 부끄럼도 없이 서슴없이 하냐?"

선장의 일침에 난 완전히 녹아웃되었다.

바로 그것이다.

이 말을 들으니, 내가 너무나 부끄럽고, 무식하면 용감하다고 얼마나 앞장서서 반공을 외쳤던가?

그리고 그동안 앞장서서 나팔수가 되어야만 했으니…

비록 독일은 동서독으로 갈렸지만 우리처럼 반공의 사상교육이 아니라, 한민족이란 것을 앞세웠기에 통일된 독일이 된 것이다. 하지만 우리는 소위 지식층이란 자들을 앞세워 사상교육을 우선시하다 보니 아직도 분단국가로 남아 서로 이빨을 드러내고 으르렁거리고 있는 것이며, 정권을 유지하기 위해서는 수단과 방법을 가리지 않다 보니, 정신들이 황폐화되어 흑백논리가 먹히는 남북한이 되어버린 것이 아닌가?

김치 좀 주세요

처음 이들과 승선하여 식사를 함께할 때마다 김치 냄새가 난다고 무시하고 먹지 말라고 하던 게 이 독일인이 아니었던가. 이런 독일인 선장이 호기심에 김치를 조금 맛을 보더니 날이 갈수록 먹는 양이 조금씩 늘어나고, 간식인 라면은 이제는 우리보다 더 잘 먹고 있다. 하지만 워낙 멀리 떨어져 있다 보니 보급이 한계가 있으니 문제이다.

특히 한국인이면 당연히 김치지만 어디 쉽게 보급이 되겠는가. 어느덧 한국 선원들의 입맛이 서양화가 되어, 버터에다 빵(독일인 주식인 새까만 보리 빵)에다 감자로 변해간다. 그리도 잘 먹던 매운 것을 먹는 데도 헉헉거리니. 그 버터란 것을 시도 때도 없이 발라 먹고 커피는 숭늉 마시듯 하니, 혓바닥이 부드러워져 영어 발음이 좋아지고 띵 하오다.

이런데 이 꺽다리 독일 선장은 결국 김치에 중독되어 우리

보다 더 김치를 찾으니, 유럽이든 아프리카든 입항할 때는 이 독일 선장은 쌍안경으로 주위에 혹시 태극기를 달고 있는 배가 있는지 부두를 열심히 둘러본다. 그러다 운수대통하여 한국 배를 발견하면 주방장에게 빈 바케스 달라고 하여 빈 바케스 들고 냅다 달려가서 한국 선원에게 외쳐댔다.

"김치 좀 주세요, 김치 좀 주세요!"

처음에는 잘못 들었나, 내 귀가 이상한가 하다가 긴가민가 해서 귀를 쫑긋 세워서 들으면 분명 "김치 좀 주세요!" 하니, 참 기가 찰 노릇이다. 이 아프리카까지 와서 그것도 키 큰 유럽 사람이 바케스를 들고 와서 김치를 달라고 애원하니…

처음에는 모두 이 유럽 사람이 신기해서 무슨 동물원 원숭이 구경하듯이 하다가 올라오라고 손짓하면, 올라가서 자신의 신분을 밝히며 맛 좋은 김치 좀 달라고 애원한다. 그러면 맘씨 좋은 대한민국 선원들은 이 독일인의 애원하는 소리를 거절할 선원들은 없으며, 독일인이 김치란 것을 알고, 한국말을 한다는 것만으로도 좋아서 최대한 많이 줘서 보냈다(철저히 개인주의로만 발달한 이들이니 꿈에도 생각 못 함).

독일 선장은 이 재미에 신바람 나서 싱글벙글 입이 귀에 걸렸다.

"그동안 못 먹었던 김치를 맛보게들."

지가 먹고 싶어서 얻어 왔는지 아니면 한국 선원을 위해서 얻어 왔는지는 정확히 알지는 못하지만, 그 김치 맛은 바로 꿀맛에 넘쳐나는 활기였으니 어찌 이 선장을 잊으랴!

K-FOOD

　선원들이 간식으로 받은 것이 라면(생산될 때부터 현재까지도), 초코파이 등을 지급해주니, 이 간식을 숱한 외국항을 들락거리면서 라면을 접대 또는 같이 간식으로 먹고(사고 없이 잘 하역해 달라는 의미로 세계 각국의 항마다 선원들의 접대함) 하다 보니, 맛을 본 외국인들은 한국 배가 입항하면 쫓아와서 "라면! 라면!" 외쳐대며 달라고 한다.
　이것이 바로 선원들이 선전한 엄연한 사실인데… 그런데 라면 사장님들은 이렇게 외국까지 다니며 선전한 선원들에게는 지금까지도 유감스럽게 아무 혜택도 없으니…

휴가

 유럽과 서아프리카를 정신없이 오가다 보니 금방 1년 계약이 끝나지만, 휴가를 가려고 하는 선원들이 없다. 그 이유는 봉급도 좋은데 오버타임의 수당이 봉급과 같으며, 또 특별히 선원들이 하역작업이 원활하도록 미리 화물을 정리해야 할 때도 많아 이 수당도 꽤 되는데 누가 갈려고 하겠는가.
 귀국하면 다시 이 배에 온다는 보장도 없고 또 당시에는 외항선 선원들이 그야말로 값비싼 황금 값이 되어 서로 외항 선원이 되려고 박 터졌다.
 시골 군수가 자신이 군에서는 봉급을 제일 많이 받는다는 자부심으로 큰소리 빵빵 쳐대니, 아무리 좋은 말도 자주 들으면 잔소리로 하는 것, 듣기 싫은 상사의 잔소리에 이골이 난 부하 직원이 '군수님보다 훨씬 많이 봉급을 받는 자가 우리 군에 있습니다'라고 하니, 군수는 깜짝 놀라며 누가 나보다 더 받는지 그 사람 얼굴 좀 보자고 했다던 일화까지 있었다.

또 사실이 그러했으니 외화벌이하는 외항선 선원들의 인기는 그 시절에는 대단했다. 독일인은 6~8개월 만에 휴가를 가는데, 한국 선원들은 휴가를 가지 않고 일(일을 하면 오버타임이 나오니)만 하니, 선주도 좋고(먼 한국까지 왕복하는 항공비 부담) 귀국비 부담이 없어서 좋고, 또 숙달되어서 좋으니 그야말로 도랑 치고 가재 잡기식이니 서로 딱 맞아떨어져서 좋았다.

이러다 보니 독일인 선원들은 우리를 보면 세계에서 제일 부지런하고 일 잘하는 선원들이라고 치켜세웠다. 그리고 손으로 한국 선원을 두드리며 귀로 쇳소리가 나는지 들어봤다. 조그마한 동양의 한국인 선원들이 무슨 쇳덩어리(아프지 않고)처럼, 기계(숙련되어)처럼 일만 열심히 하냐고. 인간인지 확인해보기 위해서 두드려 보고는 혀를 내둘렀다.

인간이 맞다고.

그런데 이 독일인은 6~8개월 승선하고, 휴가 기간도 훨씬 길어서 그 휴가 기간도 헛되이 보내지 않는다. 독일인 기관장이 15년 동안 자신의 집을 완성했다고 하여 우리를 초청했다. 집 구경을 하면서 설명해 주는데 너무 감동적이었다. 이 독일 기관장은 나이가 50세가 넘었지만, 아직도 미혼으로 혼자 사는데, 이 집을 혼자서 하나하나 다 만들었다고 했다.

이들은 휴가 기간이 길어, 휴가 기간에 기술건축학원에 가서 하나씩 배워서 기초를 하고 또 다음 휴가 때에도 학원에 가서 또 배워서 만들고 이런 식으로 하여 자기 집을 하나에서 열까지 배워가면서 완성하는 데 15년만에 완성했다니…

우리가 보니 감탄사가 저절로 나오고 튼튼한 건물(유럽의 도로를 보면 석재를 잘 깔아 현재까지도 멀쩡하게 사용되고 있는 것은 이해가 갔음. 자기가 살 집인데 엉성하게 지을 사람은 동양이나 유럽도 없음) 지하에는 풀장까지 만들었고, 잠자는 침실은 유럽인답게 여자 침실 하나 그리고 자기 침실 하나 (우리 문화권에서 결혼하고 각자 따로 잔다는 것은 이해할 수 없는 일이지만, 잘못하여 이혼하게 되면, 쉽게 말해서 남자가 여자를 재혼할 때까지 부양하니, 여자가 재혼할 사람이 어디 있겠는가) 만들어서 이제는 결혼을 한다니…

1등항해사 직책을 탈환

 유럽과 아프리카를 정기적으로 운항을 하다 보니, 우리 한국 선원들 모두가 이제는 무슨 깜둥이처럼 새까맣게 얼굴이 타서 볼만하다. 그래도 모두 열심히 근무하면 돈을 주니(시간 외 수당), 선원들이 1등항해사의 얼굴만 본다. 즉 일을 시켜 달라고 하니(동양 쪽에서는 맨입으로 일 시킬까 봐 회피함), 일 시키기도 편리하다. 만약 잘못 보여서 그 사람만 일을 안 시키면 같은 시간을 보내지만 수당도 없으니 자기만 손해였다. 그러니 1등항해사의 지시를 감히 거역할 수 있겠는가.

 그런 자리가 처음에는 한국인이 1등항해사를 차고 있었는데 중도에 쫓겨난 후 독일인의 1등항해사가 승선하고 있으며, 나는 2등항해사로 근무 중에 계약 만료가 다 되어 귀국(휴가) 가부를 결정해야만 했다. 집에 갈 핑계를 만들어야 할 입장이 되어서, 집에 가서 결혼해야 한다고 보고했다. 그리고 나서 며칠 후 함부르크 본사의 감독에게 전문이 날라왔다. 사무실에 시집가야 할 아가씨가 있으니, 함부르크에 입항하면 사무실 아가씨를 데리고 본선을 방문하여 저녁 식사를 함께하겠다는 내용이었다.

말 한마디 잘못 했다가 처음 함부르크에 와서 독일 아가씨들에게 그것도 크리스마스 때 죽사발이 되도록 깨졌는데… 그런 독일 아가씨와 결혼을 하라니. 독일 여자의 '여' 자도 꺼내기 싫어하는 남의 속도 모르고 끔찍한 말씀을 하니… 그렇다고 그런 일들을 세세히 이야기도 할 수도 없어서 꿀 먹은 벙어리가 되어 가슴만 시커먼 숯덩이처럼 타들어 갔다. 선원들은 우리 2등항해사가 일을 잘해서 독일 여자와 결혼한다고 놀려대고, 주방장은 있는 솜씨 없는 솜씨를 발휘하여 우리들의 미팅을 위하여 저녁 식사 준비를 한다고 3명이 다 바쁘고…

그야말로 파티가 따로 없었다.

이역만리 타향까지 와서 내 팔자에도 없는 그 무서운 바이킹족의 후예의 여자와 국제결혼을 하게 생겼으니… 선원들도 그동안 서로 자기 처제를 소개해 준다, 여동생을 해준다, 친척을 해준다고들 했는데… 만약 결혼한다면 부모 형제들은 어떻게 받아들일지. 별별 생각이 다 떠올랐다.

어느새 그날이 오니, 독일 선원들과 한국 선원들은 하던 일을 멈추고 갑판으로 나와서 그 오늘의 주인공이 어떻게 생겼는지 나름대로 평가하기 위해 나왔다. 드디어 나타났는데 헉 소리가 저절로 나온다.

감독이 대동하고 온 주인공이 우리가 커 오면서 인형 같은 공주의 아가씨가 아니라(인형들이 전부 금발의 유럽 여자들 보고 커 왔음), 머리카락은 우리가 커오면서 봐왔던 그 금발인데, 그 뚱뚱한 덩치며 키도 유럽인답게 커서 나는 그 키에 그 여자의 어깨도 닿지 않게 생겼다. 그리고 입고 온 옷도 무슨 작업복 같은 옷(독일인들은 검소한 생활이 배어 있음)을 입고 오니, 모두들 헛웃음이 저절로 나오는 것을 참느라고 입을 틀어막고 자리를 떠나며 서로들 시시덕거린다. 더구나 기죽은 것은 자라보고 놀란 가슴 솥뚜껑만 봐도 놀란다(술집에서의 기억)고 바로 그 무서운 독일 여자가 아닌가.

그런데 내 맘을 알고 그런지, 모르고 그런지는 알 수 없지만, 그 키 큰 꺽다리 선장도 웃으며 고개를 절레절레 흔들며 직무실로 들어가 버린다. 어찌 됐든 그 주인공이 오니, 동방예의지국인답게 내색하지 않고 정중히 맞이해야 했다. "어서 오세요!" 하며 인사를 하며 깍듯이 맞이했다. 꼭 무슨 대학생과 중학생을 세워 놓은 것 같으니(그래도 나는 대한민국의 표준 키에 군대를 제대한 건장한 청년이었음) 너무나 어이가 없다. 더구나 짧은 영어 실력에 말도 안 나오는데 무슨 말을 할 것인가.

어찌 되었든 감독은 찾아온 아가씨가 배를 잘 모르니 구경시켜 주며 설명도 해주라며 선장 직무실로 가버린다. 둘만 남았으니 아가씨를 데리고 선교에 올라가서 이것저것 눈에 보이는 것들을 영어 실력을 총동원해서 설명하니, 이 아가씨는 처음 접해보는 조그마한 동양인이 마냥 귀여운 모양이다.

맛있게 차려진 저녁 식사시간이 되어 식당으로 갔다.

식사하면서도 선원들은 열심히 우리를 훔쳐보며 키득거렸다. 남자와 여자가 잘 어울리는 모습이 아니라 너무나 언밸런스였던 것이다. 무슨 광대 모양이 되어있으니 웃음이 저절로 나오는 것을 어찌하겠는가. 차라리 우리가 거꾸로 되었다면(남자가 크고 등치가 있고) 봐줄 만했을 텐데… 머리털 나고 선이란 것을 이역만리 타국의 독일에서 독일 여자를 보게 되었지만, 결국 웃음거리만 되고 말았던 것이다.

나의 휴가 문제는 1항차(1항차는 유럽을 출항하여 아프리카를 다녀오는 것을 말하며, 보통 3개월 정도 걸림)를 더하고 휴가를 갔다가, 진급하여 1등항해사로 재승선하기로 결론되었다. 드디어 1등항해사의 자리도 처음처럼 한국인이 차지하는데 꼬박 1년이란 세월이 걸린 것이다.

드디어 휴가

 타국까지 와서 숱한 난관을 이겨내고(선박이란 이동하는 물체이므로 아무리 똑같은 작업을 해도, 기상, 조류 등으로 작업이 다 다를 수밖에 없음) 무사고로 돌아간다는 것은 행운이 아닐 수 없다.
 어릴 적 설을 기다리는 설렘에 설쳐대는 잠.
 날이면 날마다 지친 육신으로 들어와 그리운 고향을 베개 삼아 외롭게 잠들었던 숱한 나날들이 아니었던가.
 함부르크에서 하선하여 드디어 그리운 고향을 향해서 출발했다. 비행기의 항로가 개발되어 있지 않아서 북쪽으로 비행하는데, 이게 고역도 그런 고역이 없다. 북쪽으로 비행하니, 날씨도 안 좋다. 비행기의 날개가 덜덜 흔들리 모습에 악 소리가 저절로 나올 것 같다. 이게 한두 시간도 아니고 밤을 새워 가야 하니. 검푸른 파도 밭에서도 살아서 여기까지 왔는데, 재수 없게 이 비행기서 죽게 되는 건 아닌가 걱정하는 맘에 식은땀이 절로 난다.

어디 나만 그러하겠는가?

같이 귀국하는 동료 선원들도 똑같은 맘일 것이고, 다만 말만 못 하고 있을 뿐이다. 꼼짝없이 붙들어 매여 있으니, 지옥도 생지옥이다. 우리 입장에서 생각하면 차라리 배를 타고 한 달이 걸려도 훨씬 편하고 좋을 것 같다.

생지옥과 같은 긴 시간을 겨우 이겨내고 드디어 착륙!

그리운 내 정든 고향 하늘 아래의 땅이 아니던가… 집에 도착하자마자 그동안 긴장이 확 풀리며 긴 여정의 피곤으로 쓰러져 구들장을 지고 잠만 잤다. 자식새끼 살아 돌아온 것으로 기쁨도 잠시 멀쩡했던 자식이 집에 돌아와 쓰러져 잠만 자니, 뭔가 잘못된 것이 아닌지 겁이 덜컥 난 부모님은 땅꺼질 듯이 한숨만 내쉬며 자식 얼굴만 바라보며 걱정이 태산이다.

많은 자식 중에 어쩌다 배를 타게 되어 바람만 불어도 걱정, 비가 와도 걱정으로 발 한번 편히 뻗고 잠을 이루지 못한 숱한 나날들.

정든 집을 떠나 험한 파도를 헤치고 1년 만에 살아서 온 자식이, 무슨 깜둥이처럼 새까만 얼굴로 와서 잠만 자니, 뭔가 잘못된 건 아닌지 늘어만 가는 걱정뿐이다.

그렇게 잠만 자던 자식이 다행히 일어났지만, 전에 잘 먹고 좋아하는 것들을 잔뜩 진수성찬으로 차려줘도, 통 먹지를 못하고 쩔쩔매고만 있으니 걱정도 이만저만이 아니다.

독일 배를 타며 유럽과 서아프리카만 다니다 보니 한국 음식을 접할 기회가 없다. 유독 짜고 매운 한국 음식을 먹지를 못하고 있었으니 입맛이 변한 것이다. 그걸 모르는 부모로서는 멀쩡한 자식 하나 배려버린 처지가 된다. 그도 그럴 것이 애들도 다 잘 먹은 음식도 먹지를 못하니, 이제는 자식 하나 다 키워 놓고 못쓰게 생겼으니, 걱정이 태산이 된다.

몸에 좋다는 것을 수소문하여 지극정성으로 먹여 겨우 살려 놓으니, 늦게 배운 도둑놈 날 새는지 모른다고, 이 세상이 다 제 것처럼 날 새는 줄도 모르고 시도 때도 없이 싸 돌아다니기가 바쁘다. 그도 그럴 것이 3개월 후에는 다시 독일 배에 승선하러 가야 하니 그 누가 뭐라 하겠는가. 결국 부모님도 이역만리까지 가서 죽지 않고 돌아온 것만으로도 좋은데…

그러다 보니 3개월 휴가도 금방 끝나고, 이제는 올 때처럼 비행기를 타고 가야 한다. 같이 승선해야 하는 선원이 5명이

나 된다. 경험자인 내가 이들을 인솔해서 가야 하는데, 각자 그 무거운 개인 보따리(전문책들이 어찌 한두 권이겠는가)에다 승선해서 먹어야 할 귀중한 밑반찬들을 최대한 많이 들고 가야만 한다(유럽과 아프리카에서 구입이 쉽지 않으니).

비행 항로도 발달하지 않아 여기저기 경유하게 되면 비행장 내에 있는 세관을 통과해야만 하는데, 그때마다 유럽인에게는 보지도 듣지도 못하고 그야말로 고약하고 역겹고 지독한 냄새가 공항 내를 진동하는 한국의 밑반찬에 기겁하고 유럽인 특유의 제스처를 쓰며 통과를 불허한다. 그러나 우리에게는 밑반찬마저 없으면 하루 이틀도 아니고 또 배에 타고 있는 선원들은 빨리 교대자가 와서 그 군침 도는 밑반찬으로 맛있게 밥 먹을 굴뚝같은 생각으로 군침을 흘리고 있을 텐데… 여기까지 와서 가져가지 못한다고 생각하면 난감하다.

정말 외화벌이가 쉽지 않고, 사람 많은 이 유럽 공항 내에서 지독한 냄새를 피우고 있으니 이 무슨 낭패인가. 짧은 영어 실력으로 다 설명할 수 없으니(유창하게 영어를 할 줄 알면 영어 선생을 하고 말지, 배는 안 탐), 비상시 연락할 수 있는 대리점을 불러서 설명해서야 겨우 통과한다. 한국 사람이 유럽까지 갈 일도 없고 사람도 없으니, 유럽 세관원들이 한국 사람도 잘 모르는데 김치, 된장, 고추장 깍두기를 알 일은 더욱 없으니 세관 통과가 쉽지 않다.

그래도 가져와 배에서 전 선원들이 오랜만에 맛보는 고향의 맛을 맛있게 먹은 모습이 보람을 느끼고, 많이 가져오지 못한 것이 언제나 아쉬움으로 남는다. 이때에는 개인이 휴대할 수 있는 무게가 일반인은 20kg, 우리는 비행기의 승무원과 같은 'CREW'라고 하여 40kg까지 휴대를 허락하니, 5명이라 해도 200kg 들고 갈 수 있다. 유럽의 공항에서 환승할 때마다 그 무거운 것을 들고 환승을 했으니 오죽했으랴(우리는 괜찮은데, 유럽인들이 봤을 때는 알 수 없는 조그마한 동양인들이 그 무거운 것들을 들고 힘겨워 낑낑거리며 이동하고 있으니). 그 소중한 외화벌이 하기 위해서 이렇게까지 했다. 참고로 이때는 김포공항에 국제선이 있었으며 출국자도 10명이 채 되지를 않았는데, 지금은 휴일에는 하루 이용자가 20만 명이 넘으며, 심지어 시골의 똥개들도 다 외국 관광 다녀왔다고들 하니, 외화벌이한 것이 보람도 있고 뿌듯하기도 하다.

아버지의 눈물

 이 지독한 독일인들하고 생사고락을 함께하다 보니, 어느새 나도 모르게 독일인으로 변하여 개인주의로 변하여 문제이다. 5남 2녀 중에 셋째로 태어난 놈이 어쩌다가 배를 타게 되어(옛날에는 배 타는 것은 죽는 것으로 인식되어 있었음), 사람 성격까지 변해 버려 나이 30세가 넘어도 결혼 생각도 하지 않고 혼자 몸뚱이로 있으니, 부모로서는 큰 문제였다. 오죽했으면 위 똥차가 꿈쩍 않고 버티고 있으니, 동생을 먼저 결혼시켜 농사를 많이 짓게 하겠는가.

 동생도 결혼하여 자식까지 있는데, 아무 죄도 없는 제수씨만 휴가를 올 때마다 죽을 맞이며 되려 난처하고, 나 역시 맘이 편하지 않으니 밖으로만 싸돌아다니게 된다. 36세 넘었는데도 결혼은 관심도 없고(지금은 나이도 잊고 결혼하지만 옛날에는 30세 넘은 나이에 결혼하는 사람은 없는데), 돈 잘 벌고, 아버지도 지방의 유지로 살고 있어서, 선보라고 여기저기서 들어오는데도 다 싫다고 고개만 흔들고 있으니, 집안 식구들 모두 답답할 노릇이다.

어떻게든 결혼을 시키려 하지만, 결혼하여 가정이란 올가미에 매여 생활하고 싶지도 않고 또 멀쩡한 여자 데려다 놓고 가정이란 울타리로 가두고 싶지도 않았다. 결혼이란 부부가 동거해야만 부부지, 배 탄다고 하루 이틀도 아니고 허구한 날 떨어져 생활하면서 무슨 부부라고 할 수 있겠는가. 해서 나는 결혼하면 배 타는 것은 무조건 그날로 미련 없이 그만둘 생각으로 승선했던 것이다. 그런데 가족들의 성화가 심각하니 요즈음 말로 스트레스를 엄청 받으니, 가능한 휴가 올 때마다 집을 피해서 밖으로만 돌아다녔다. 어머니는 말은 못 하고, 나를 볼 때마다 하늘 무너지는 듯한 땅 꺼지는 긴 한숨만 몰아쉬었다.

며칠 남지 않는 휴가로 집에 일찍 들어와 저녁을 먹는데, 아버지께서 밥 드시다 말고 나를 불렀다. 철들어 아버지의 뜨거운 눈물을 처음으로 흘리시며 말했다.

"네가 고자라고 온 동네에 소문이 나고 조롱거리가 되어 정말 창피해서 못 살겠다. 내가 배우지도 못하여 너를 낳기만 했고 가족을 위해서 뼈 빠지게 일만 했지, 네가 고지인지 아닌지도 모르는데, 정말 네가 고자냐?"라며 물었다.

 자식으로서도 부끄럽고 아버지의 한 맺힌 눈물이 하늘이 무너져 내리는 것 같았다. 그 한을 씻겨드려야 자식된 도리가 아니겠는가 하는 생각이 들었다.

 "네, 부모님 말씀대로 결혼을 하겠습니다. 이번 한 번만, 배를 1년만 더 타고 그만두고 결혼해서 살겠으니, 좋은 여자를 골라주세요. 제가 그동안 저의 결혼 문제로 부모님을 속상하게 했으니, 저의 처는 부모님이 선택하신 여자와 결혼하겠습니다."

부모님

① **부모님의 결혼**

나의 부모님은 그 옛날에 태반이 그러했듯이 가난한 집안에서 태어나 배우지도 못해서 낫 놓고 'ㄱ'자도 모르시는 사람이 되다 보니, 아닌 말로 뼈 빠지게 일만 하다, 동네 처녀와 결혼할 때도 솥 하나, 숟가락만 가지고 분가하여 나왔다. 당장 먹을 쌀도 없어서 산에 올라가서 땔감 한 지게 지고 시장에 내다 팔아서 그 돈으로 우선 먹을 쌀과 결혼을 자축하기 위해서 고기 한 점 사 와서 저녁을 먹었으니…

② **근검절약**

결혼한 후, 일본 헌병한테 잡혀가 처자식을 두고 일본광산까지 끌려가서 일을 하다가 큰 사고를 당해 다친 몸(팔뚝)으로 귀가를 했으니— 아픈 몸이지만 집에 와서도 한 손으로라도 일을 해야만 했으니— 가리지 않고 일만 하는 것으로 부족해서 철저히 근검절약도 하셨다.

머리도 이발비와 시간이 아깝다고 빡빡 밀어버리고, 그 흔한 술-담배도 하지 않고, 언제나 그 핫바지 차림으로 또 냄새난다고 얼굴에 세숫비누를 평생을 두고 사용하지 않으셨으니(그렇다고 위생으로 아프신 일도 없었고, 임종하실 때 아버지의 그 평온한 얼굴의 화색은 그 어디서도 나는 보지를 못했다. 해서 의사가 병원 병실의 전기충격기로 소생시키려고 할 때 나는 막아섰다. 살 만큼 사셨고(93세), 또 깨어나시면 그 평온한 얼굴의 화색을 보지 못할 것 같아서)…

③ 대물림

자신이 배우지 못해서 이런 고생을 자식들까지 대물림해서는 안 된다는 신념으로 자식들을 가르치셨다. 또 자식들 외에도 동네 아이들을 불러 모아 서당 선생님을 모셔서 가르치도록 도우셨다.

가난이란 굴레는 그 누구도 쉽게 떨쳐내지 못하는데, 부모님은 떨쳐내고 어느덧 유지가 되었으니… 이것도 잠시였다.

④ 6·25 전쟁

참혹한 역사 6·25가 발발하고, 아버지는 동네 유지라는 이유로 빨치산의 표적이 되어 날마다 도망 다니셔야만 했다.

그 무서운 빨치산들은 아버지를 잡지 못하니 화가 나서 집을 불 질러버리고 가재도 깡그리 부수고 태워버렸다. 하루아침에 또다시 완전한 빈털터리가 되었으니, 도망에도 한계가 있는지라 결국 재수 없이 빨치산에게 붙잡히고 마셨다.

그 무서운 인민재판관인 빨치산 대장이 들어오는데, 아니 저 사람이라니… 다름 아닌 6·25 나기 전에 부산에서 아무 연고도 없는 동네로 이사를 온, 일본 유학까지 다녀온 유식하고 사람들에게도 친절했던 바로 그 사람이 아닌가?

도무지 믿기지 않는 엄연한 현실에 어떻게 해야 할지 난감한데 빨치산들이 아버지를 끌고 그 대장 앞에 세우니, 이 빨치산 대장도 이런 곳에서 뜻밖에 알고 있던 아버지를 보고 멈칫하다가 졸병들에게 이렇게 명령했다고 한다.

"이분은 인민들을 착취한 것이 없으니, 풀어서 보내드려."

지옥 문턱에서 구사일생한 것이다.

가난한 주민들도 빨치산에게 붙들렸지만, 이곳의 빨치산 대장의 지역이라서 죽음은 면할 수 있었다.

전쟁으로 빈털터리가 되신 부모님은 재건을 위해서 산으로 들로 밤낮없이 뛰어다니셨다.

⑤ 노루 참봉이 되어

집은 미국의 구호품(빨치산이 전소시켜서 목재를 보급해줌)으로 다시 짓고, 들에 있는 논도 소작하고 산에 가서는 짐승을 잡았다. 짐승의 내장은 가족의 단백질 공급원으로 먹고, 가죽은 시장에 가서 팔았다.

그러다 돈이 모이면 무조건 논(땅)을 샀다.

괜히 귀중품이나 돈 가지고 있다가 전쟁이 또 발발하면 빼앗길 수 있지만, 땅은 불 질러도 그대로 그 자리에 있었으니 무조건 땅만 샀다.

하루는 사냥하러 나갔다가 노루를 보고 잡기 위해서 뒤쫓아갔는데 이 노루가 도망가다가 산 중턱에 서서 아버지가 가깝게 접근해도 도망가지 않고 서 있었다.

  아버지가 사냥하면서 이런 일은 처음인지라 이상해서 노루 곁으로 바짝 접근하니 그제야 노루는 도망갔다. 해서 노루가 서 있던 자리에 가보니, 이 차가운 겨울 날씨에도 아주 포근하고 바람도 없으며 주변 산세가 기막히게 좋은지라, 아버지는 할아버지의 성묘를 서둘러서 그곳으로 이장하셨다.

  그렇게 노루가 점지해 준 명당으로 이장해서 돈을 벌었다고 아버지는 '노루참봉'이라는 호칭을 얻으셨다.

⑥ 본심으로 공을 들이면, 언젠가는 반드시 뜻을 이룬다

  아버지는 가난해서 배우지를 못해, 학교 문턱도 가지 못하고, 그저 피땀 흘려 일만 하셨다. 그래서 자식만은 꼭 배움의 길로 들어서게 하려고 애쓰셨지만, 유감스럽게도 우리 형제는 공부에 뜻이 없었다.

  하지만 자식들도 성장하니, 결혼을 시키셨고, 있는 재산을 나누어주시며 먹고살라고 하셨다.

  자식이 결혼하니 손주들이 생기는 것은 자연의 법칙!

  그런데 그 누구도 공부하라고 하지 않았는데, 손주가 생기는 대로 다들 공부를 잘했다. 특히 큰손주는 초등학교 다니며 도에서 1등을 했다. 초등학교를 졸업하고 집 근처에 소재하는 시골 중학교의 시험을 치러도 1등이었다. 그러면 당연히 장학금을 줘야 하는데, 이 중학교에서는 너의 할아버지는 참봉이시고 너의 아버지도 부자이니 줄 수 없다. 장학금은 공부는 잘하지만, 가난한 학생한테 주자고 큰조카에게 말하니 이 녀석 자기가 1등을 했으니 자기한테 장학금을 줘야 한다고, 어린 것이 교무실에서 울면서 떼를 썼다.

학교 선생님들은 난처하여 큰형에게 전화하여 사실을 이야기하고 애를 데려가라고 지시했다. 큰형님도 여러 사람의 체면이 있는지라 하는 수 없이 학교까지 가서 데려와야만 했다.

이 녀석은 집에 와서 '1등 했는데 장학금도 안 주니, 서울에서 학교 다닐 테니 서울로 보내달라'고 바닥에 쭉 뻗어버렸다. 자식 이기는 부모 없다고, 결국 중학교 입학에 맞춰 서울로 보내야만 했다.

시간이 흘러 이 녀석은 서울대 법대를 졸업하고 판사를 하니, 아버지께서는 이렇게 말씀하셨다.

"내가 너희들을 본심으로 가르치려고 공을 들이니 이런 손주가 나온 것이지. 괜히 나오겠니?"

3부

세상은 좁다

아흔아홉 마리의 양보다
길 잃은 한 마리의 양이
중하다란 하나님의 말씀

진정한 인생의 동반자를 찾으려 하니, 여기저기서 소개가 들어오고 요즈음 말로 미팅하기도 바빴다. 예쁜 처녀와 뼈대가 있는 처녀도 있지만, 선택이 쉽지가 않아 헤매다가 결국 배 타기 위해 출국하기 직전이었다. 그때 제 발로 시골집까지 찾아온 여자가 있었으니…

알고 지낸 지는 꽤 오래되었고 또 그동안 새까맣게 잊고 있었던 여자였다. 언제 만나자고 한 약속한 것도 아닌데, 약속이나 한 듯이 만났다. 허구한 날 밖으로만 싸돌아만 다닌 내가 그날따라 해가 서쪽에서 떴는지 출국을 앞두고 집에서 쉬고 있는데 불쑥 찾아온 것이다.

부모 형제들은 갑자기 집에 나타난 처녀에 깜짝 놀라며, 당황스러워 어쩔 줄을 모르며, 집에 오라고 했으면 귀띔이라도 했으면 음식도 준비하고 집 청소라도 깨끗이 하고, 몸단장이라도 했을 거 아니냐고 난리였다. 뭘 모르시는 부모님은 갑자기 데려오면 어쩌란 말이냐 나를 원망하시지만, 부모님 눈은 처녀를 훔쳐보기에 바빴다. 나는 정말 할 말이 없었다.

저녁밥을 먹고 시골길을 걸으며, 이 아가씨의 가슴 아픈 상처의 이야기를 듣고 함께 부둥켜안고, 그동안 기억도 없었던 눈물이란 것을 흘려야만 했다.

그동안 이 처녀가 연락이 없었던 이유가 절절했다. 동대문 포목시장에서 원단가게 점원으로 일하다가 모친 있는 외아들인 군인을 만나 결혼도 안 하고 동거해서 아들을 낳았는데, 그때부터 시집의 태도가 갑자기 돌변하여 몇 푼 되지도 않는 재산을 두고 시어머니와 시올케의 노골적인 학대로 풍비박산이 됐다.

그래서 오갈 데도 없어서 무조건 아는 주소로 나를 찾아온 것인데, 마침 내가 있었던 것이다. 그것도 출국을 코앞에 두고서 말이다(시어머니 시올케는 절에 다니며 있는 재산 다 바치고 절에 들어가 노후를 보내다가 임종하기로 주지스님과 기약되었는데, 손주가 태어나니 이야기가 달라지게 되었다. 그래서 돌변하게 되었으며, 외아들인 남자에게 아들까지 빼앗기고는 그냥 홀몸으로 나와야만 했다. 그 쓰린 가슴 오죽했으랴. 어찌 믿는다고 하는 사람들은 이 사회에 넘쳐나는데 이런 일들이 있단 말인가).

어릴 때 시골에 살면서 가끔 꿩이 매에게 쫓겨서 다급한 심정으로 사람이 사는 집으로 날아 들어올 때가 있었다. 그러면 고기 먹기도 힘든 시기지만, 제 발로 찾아온 꿩을 잡지 않았고, 이런 꿩은 잡으면 안 된다고 가르쳤다. 어른들이 매를 쫓아내는 것을 보고 또 배워왔다.

어차피 결혼할 것이면, 길 잃은 양이 귀하다고 했으며, 또 이 사회를 함께 사는 사회의 아픈 상처를 안아주는 것도 보람된 일이 아닌가?

해서 나는 제안했다. 나는 이 순간부터 그 누구에게도 절대로 당신의 아픈 상처를 말하지 않겠다고, 나는 곧 다시 배 타러 나가야 하니, 산사의 절처럼 조용한 이 시골집에서 당신이 부모님과 함께 살아보라고. 그리고 1년 후 내가 귀가해서 부모님이 좋다고 하면 당신과 결혼하겠다고 약속했다.

부모님에게는 나는 그동안 부모님 속 많이 태웠으니, 부모님이 선택해 주시는 여자와 결혼하겠다. 이 여자는 나 대신 1년 동안 데리고 있으며, 셋째 며느릿감이 되는지 안 되는지 잘 보시라고 말씀드렸다.

 닉는 다시 재승선을 위해서 부산에 갔다.
 회사에 찾아가니 오랫동안 기다렸다는 듯이 사장님이 직접 불러서 함께 점심 먹으러 가서 이야기하겠다며 일찍 일을 마쳤다. 좋아하는 음식을 사 줄 테니 말하라고 하여, 매운 것만 빼고 다 잘 먹는다고 하니, 유명한 일식집으로 데려간다. 사장님은 내게 일본인과 혼승하는 배에 책임사관인 2등항해사로 승선 좀 해달라고 부탁한다.
 아니, 저는 독일 배에서 빼앗긴 1등항해사 자리로 진급했는데, 어떻게 강등해서 2등항해사로 가느냐고 항의했다. 또 나는 일본인과 혼승하려면 일본말을 할 줄 알아야 하는데, 일본어 인사도 할 줄 모르기에 부적격자라고 말씀드렸다. 사장님은 일본배의 심각성을 말씀하셨다. 어렵게 어렵게 일본 혼승배에 선원들을 태우기로 했는데, 선장, 기관장, 1등항해사는 일본인이며, 2등항해사가 한국인 책임 사관이며 그 이하의 선원들은 한국인데, 그중에서도 한국인의 책임사관인 그 2등항해사가 불미스러운 일로 중도에 수차례나 하선을 당했다. 그럼에도 시정이 안 되니 결국 일본 선주가 칼을 뽑았다. 아예 다른 회사로 교체하겠다는 최후의 경고장까지 보내왔다는 이야기였다.

하지만 그렇게 말썽도 많고, 중요한 한국 선원들을 대변해야 할 자리가 2등항사인데 일본말도 전혀 모르고 또 냉동선의 경력도 전무한 나보고 승선하라니… 자신이 없다고 하니, 그 점은 사장이 직접 선주에게 보고하겠다고 한다.

내가 무슨 혼선배의 청부업자도 아닌데 딱 그 꼴이 되게 생겼으니 진퇴양난이다. 그렇다고 사장이 이렇게까지 특별히 직접 부탁하는데 거절만 할 수도 없었다.

일본인과 함께 승선하여 말썽이 발생하는 것은 그 밑바탕에는 한일감정이란 것이 깊게 깔려 있기 때문에 서로 감정에 휩싸여 사소한 일에도 욱하고 화를 내서 결국 약자가 되어 함께 승선 생활해야만 하는 한국인들만 쫓겨나 귀국하게 되니, 그에 따른 경비 문제로 회사가 골머리가 아프니 문제이다.

결국 회사의 방침대로 일본 배에 승선하게 되었다.

대한민국의 선임 사관이라고 온 2등항해사가 일어를 전혀 못 하니, 이 일본인들이 더 기가 막히는 모양이다. 일본 말을 할 줄 아는 전임 2등항해사를 강제하선시켜 보냈더니, 이제는 아예 한마디도 못 하는 2등항해사가 승선한 것으로도 모자라서, 냉동배의 경력도 전무한 신임자가 세계를 누비는 화려한 배(평균 속력이 24노트였음. 통상 이 당시에는 속력이 빠르다고 하는 배의 속력이 12노트였음)에 올라왔으니.

그런데도 본선의 일본인 선장이 승선을 승낙한 것은 영어 때문이었다. 일본인 특유의 발음 문제와 소통에 어려움이 많았으며 또 외국으로만 입출항하다 보니 영어를 할 수 있는 사관이 필요했던 것이다. 그래서 울며 겨자 먹기로, 독일 배에 승선한 경력도 있고 진급까지 해서 승선을 인정하고 혹시나 해서 재가했던 것이다.

처음 타는 냉동배는 속력이 어마어마했다. 또 통상 냉동선은 4000톤 정도 되는데, 이 배는 1만 톤이 넘다 보니, 이 배는 그야말로 대륙과 대륙으로 횡단하기 위해서 계획적으로 건조된 배이다. 24노트로 운항하려면 매일 연료 62톤을 사용해야 하니, 괜히 파도밭에 휩쓸려서 헤맸다가는 기름 떨어져 오도 가도 못한다는 소리가 나올법한 배이다.

만약 기상 악화로 18노트 이하 속력으로 떨어지면 값비싼 기름으로 바꿔서 사용해야 했다. 이 기름을 사용할 때 즉 입출항 시만 사용하니 양을 적게 싣고 항해한다. 만약 기상이 나빠서 사용했다가는 기름 떨어져 오도 가도 못하는 사고를 당할 수 있어서 결국 이 배는 실패작으로 끝나고 말았다. 그렇다 보니 기름 탱크를 최대한 크게 만들었지만 한계란 것이 있다.

말이 24노트 속력(18노트로 이하로 떨어뜨릴 수도 없음. 물론 입출항 시는 비싼 품질 좋은 기름으로 교환하여 자유자재로 사용하지만 입출항 시만 제한적으로 사용함)이지, 70년대 초반에 이런 속력은 상상을 초월하는 속력이었다. 그렇게 세계에서 가장 빠른 배에 승선하여 오대양이 좁다는 듯이 씽씽 누비고 다녔다.

가는 항구마다(배의 용선비가 고가이다 보니, 항구도 유명한 항구에 입항하게 됨) 입항하는 항마다, 세계에서 가장 바른 배가 입항했다는 소문을 듣고 배 구경하러 찾아오는 외부인들도 많으니, 이들을 안내까지 해 줘야 하니 여러 가지로 바빴다. 용선비가 비싸다 보니 하역도 최대한 단축하기 위해서 내리쫓았다. 이렇게 바른 배도 항해 장비는 유일한 성능 좋은 레이다 2대뿐이니… 뱃고동을 울리며 '항구의 새악씨의 모습이 아롱진 추억을 남기고~' 연안 항해를 벗어나 근해 대양을 항해하다 보니, 선위가 문제다.

지금이야 GPS가 있어 대양에서도 바로바로 위치를 확인되지만, 선위를 구하는 것은 원시시대부터 사용해 왔던 천측밖에 없었다. 천측하는데 시도 때도 없이 아무 때나 하는 것이 아니라, 오직 일출과 일몰 시 때밖에 없으니 문제다. 이

때도 시간 제약과 구름이 별들을 가리고 있으면 허탕이 되고 만다.

정확한 선위가 없으면 항로를 이탈하게 되고, 이탈하면 시간이 늦어지고 더 큰 문제는 이렇게 속력이 좋은 선박에서는 기름 소모가 심하니 문제였다. 물론 낮에는 태양을 천측하여 선위를 구하지만, 속력이 바르고 한 물체로 선위를 구하니 오차가 많이 나오게 된다. 해서 2등항해사인 나는(당직시간 0시부터 4시까지 근무함. 오후도 같은 시간임) 당직시간에 별 천측을 노력한 결과 놀라운 변화가 왔다. 이게 되는 것이다. 비록 수평선이 희미하지만 달만 떠 있으면 시간제약도 없이 별들을 골라서 천측할 수 있으니 이 이상 좋을 수가 없다. 세계에서 야간에 천측할 수 있는 유일무이한 항해사가 된 것이다.

1등항해사(일본인)가 항해 당직시간에 천측하면 시간 제약도 받지, 구름 끼어 있으면 하고 싶어도 못 하는데, 대한민국의 2등항해사답게 미드와치(0시부터 4시까지)는 천측하여 위치를 척척 구해 놓으니, 이 일본인들은 깜짝 놀라 녹아웃되어 혀를 내둘렀다. 이 조센징 2등항해사가 위치를 비슷하게 만들어 놓은 것으로 의심하고서, 내가 천측한 노트를 하나 하나 1등항해사와 선장이 함께 일일이 나 몰래 확인하고 확인했다. 틀림없다. 그러자 나에게는 두 손 들어버리고 제발 자주자주 천측해 주기를 바랄 뿐이었다. 일본인의 자존심상 조센징에게 말은 못 하고…

 남아프리카의 남단에 있는 엘리자베스항에서 과일을 싣고서 사우디의(홍해 내에 있는 항) 젠다항으로 항해했다. 아프리카의 근해를 항해 중에 이 쪽발이 1등항해사가 천측하여 선위를 구하는데, 시간을 착각하여 잘못된 선위를 구해 빠른 속력으로 항해하다 보니 항로상에서 많이 벗어나 있었다. 어쩔 수 없이 많이 변침하여 항해하고 있었다.
 변침하여 1등항해사 당직시간 2시간(천측 후 변침한 후의 2시간)과 3등항해사 당직시간 4시간을 항해 후, 미드와칭의 내가 선교에 올라가서 근무 중에 열심히 천측하여 위치를 확인해 보니, 배가 아프리카의 대륙을 향해서 전속으로 항해하고 있었다. 레이다를 서둘러서 작동해서 보니(대양에서는 배들의 왕래도 적고 시야가 좋으면 레이다를 오랫동안 사용하기 위해서 꺼놓음 또 고장 나면 부속 보급도 쉽지 않았다), 헉! 이게 뭐람? 불과 2시간 후면 육지에 도달할 수 있는 거리에 배가 있었다.
 한밤중이고 나발이고 지체없이 선장에게 전화하여 긴급상

황을 보고했다. 선장은 한밤중에 놀라서 급하게 선교에 올라와 레이다로 위치를 확인한 후, 급히 우현으로 조타하여 항로로 접근해 들어가기 위해서 변침하고, 차트실(해도실)에 들어가서 1등항해사가 당직시간에 천측한 노트를 찾아 같이 검토해 보자 한다.

확인 결과, 시간을 잘못 계산한 위치에서 좌측으로 변침하였으니 올바른 항로로 들어가기 위해 육지로 전속(배는 입출항 시만 속력을 조절하여 운항하고 입출이 끝나면 전속으로 항해함)으로 달려갔던 것이다. 선장은 2등항해사가 심야에 천측한 덕분에 대형사고를 면했다며 연신 고맙다며 잘 부탁한다고 말하고 선교에서 내려갔다.

남아프리카의 엘리자베스항에서 싸롱이 강제하선을 당하여 귀국하게 되었고, 차항인 사우디의 제다항에서 승선하게 되었다.

내 입장이 난처하게 되었다.

사장이 나를 믿고 책임사관으로 보냈는데 계속 한국 선원이 강제하선을 당하고 있었으니⋯ 그런데 나는 왜 싸롱이 강제하선 당하는지 원인조차도 몰랐다. 한국 선원이 귀띔했다. 아침 식사시간(8시)에 당직 끝나고 온 1등항해사 1기사를 식사 준비를 하다가 싸롱이 실수하여 1기사의 국을 떨어뜨렸고, 1기사가 화가 나서 "이 조센징!" 하며 때리니, 싸롱이 화가 나서 치고받고 서로 싸우게 되었단다. 결국 선장의 요구에 싸롱이 불경죄로 하선 당한 것이다. 해서 나는 하선 당한 사유서를 한국의 회사에 보고서를 작성해 보냈다.

나는 배에 승선하면 그 누구나 똑같은 선원(독일인 선장이 강조해서 말했던 오직 같은 선원이지 공산국가 민주국가는 필요 없다고 말한 것)이며, 만약 사고로 바다에 침몰하면 한국인은 한국인만, 일본인은 일본인만 구조하는 것이 아니며 또 강제하선을 시키는 것은 중대 사고를 일으켰을 때 하는 최후의 수단인데, 사소한 감정싸움으로 강제하선시키는 것은 일본인 고급 사관들답지 않은 행위라고 강조했다.

왜냐면 싸롱과 1기사가 싸운 것을 한국인 선임사관인 나도 모르는 일인데, 이게 무슨 중대 문제가 될 수 있는지 물어봐 달라고 했다. 중대 문제라면 당연히 2항사와 모든 선원들이 알고 있을 텐데, 닭 쫓던 개가 되어 하선 당하여 쓸쓸히 괴나리봇짐 들고 귀국하는 모습만 바라만 봐야만 했으니, 이 내용을 일본 말로 번역해서 일본 본사로 보내 달라고 특별히 요청했다. 거기다 그동안 일본인들이 한 행위도 추가보고서를 적어 넣었다.

내용은 '내가 독일 배를 승선했다가 왔으니 영어를 제일 잘한다 하여 입출항 시 수속, 하역 관계 등을 다 나에게 떠넘기고 저희들끼리 상륙하기가 바쁘며, 고급 사관들인 일본 선원들이 모범을 보여야 하는데, 모범은 못 보여주고 오히려 못된 짓만 하고 돌아다닌다'고 이실직고하였다. 그리고 1등항해사의 천측 잘못한 내용 등도 자세히 말했다. 이 내용을 꼭 선주에게 번역해서 보내달라고 했으며, 한국 회사에서 보고 내용을 그대로 번역하여 보냈다.

　제다항에서 하역 마치고 수에즈 운하를 통과하여 스페인령인 라스팔마스에서 생선을 싣고 일본 요코하마항으로 가게 되어 라스팔마스항에 입항했다. 입항해서 보니 부두에는 대낮인데도 술 취해서 여기저기 떨어져 자고 있는 한국 어선의 선원들이 넘쳐났다. 처음에는 내가 잘못 본 것인가 하고 의심했는데, 잠꼬대하는 것을 보니 한국말을 중얼중얼했다. 틀림없는 한국인이었다.

　한국 어선들이 많다 보니 술 마시러 와서 형님 아우 하며, 타향의 설움을 한잔 술에 담아 넘기며 달랜다고 진탕 마시다가, 끝판에 가서는 서로 멱살 잡고 싸우고 귀선한다고 나가서 아무 데서나 떨어져 자면 된다(기후가 더워서, 절대로 얼어 죽을 일이 없으니, 그대로 방치가 된다). 그러다가 잠이 깨면 배에 기어들어가면 끝이다.

그렇다고 가까운 한국도 아니고 이역만리니 선원을 교체하는 게 더 힘들고 비싼 경비가 들어가니, 그냥 모른 체 하고 방치하다가 출항해서 고기만 많이 건져 올리면 다 땡 하오다.

참새가 방앗간을 그냥 지날 수는 없는지라 저녁에 아가씨 찾아 바에 들어가면 스페인 아가씨들이 맞이해 주는데, 자주 한국 서원들을 상대하다 보니 한국말도 한다. 오는 선원들마다 다 선장이라고 큰소리치고, 기관장이라고 목에 힘주고 하니, 아가씨들도 나름대로 보통선원인지 기관장 등을 식별하는 법을 터득하고 있었다. 그 방법이 기가 막히고 신통했다. 선원에게 손을 달라고 하여, 거친 손은 보통선원이고, 부드러운 손은 선기관장이란 것을 안다. 우리는 어선이 아닌 냉동선의 선원들인지라 손들이 부드러웠으니, 내가 2등항해사라고 해도 믿지 않고, 다른 선원들도 선기관장이라고 우겼다(상선 선원들은 손이 부드러워지니).

대리점에서 놀기 좋고 멋있는 나체촌의 해수욕장이 이곳에 있다는 것을 귀띔해 주니, 이런 것은 번쩍 들리고 또 찾아가는 것이 상무일 것이다. 이게 남녀노소 다 벗고 돌아다니니 기대 이하가 된다. 그렇다고 눈 뜨겁게 그곳만 쳐다볼 수도 없는 노릇이 아닌가. 호기심에 가봤지만 우리와는 거리가 멀다. 서양사람들은 피부와 밀접한 관계가 있어서 옷을 다 벗고 일광욕을 즐기지만, 우리는 피부가 좋으니 그렇게까지 할 필요가 없으니 축복이었다.

어선들이 본선에 접안하여 생선을 싣는데, 하역작업 할 인부도 없어서 본선 선원들이 싣고 하역작업을 하는데, 어선들의 생활이 참 웃긴다.

어선 선원들의 구성원에는 한국 사람, 깜둥이도 있으며 심지어 중국인까지 있다. 더 재미있는 것은 깜둥이 여자를 아예 싣고 다니며 하고 싶은 사랑은 돈 주고 한다. 그러면서 하고 싶으면 어선에 내려가서 한번 하고 오리니… 하기사 어선들은 한번 나가면 바다에서 5~6개월씩 오직 힘든 조업을 해야만 하니 오죽하랴.

중국어선은 고기를 싣고 왔는데, 본선 선원들이 하역작업을 하는 중에 중국어선 선원이 몰래(중국 배 선원들) 본선에 숨어들어와서 제일 맛 좋다는 상어 지느러미를 싸게 줄 테니 사 달라고 통사정을 한다. 중국어선 사관들의 심한 감시와 견제 그리고 학대와 구타를 피해 어망 작업을 할 때 몰래 상어 지느러미를 자르고 말려서 가져오니, 우리 머리로써는 도저히 상상이 되지 않는다. 내가 너희 선장(중국어선)에게 보고한다고 하니 얼마나 기겁했는지 제발 말하지 말라고 무릎을 꿇고 통사정할 정도였다. 이런 위험부담을 감수하는 인간들의 끈질긴 욕심은 이역만리 바다까지 와서도 본능은 어쩔 수 없나 보다.

세계에서 가장 유명한 어장 중 하나인 라스 팔말마스를 출항하여 일본 요코하마 항에 입항!

나는 이 배에 승선할 때부터 일본 말을 전혀 할 줄을 모르니, 영어만 사용했다. 그러다 라스 팔말마스를 출항과 함께 "오하이요, 고자이 마스" 하며 일본 말을 하니, 일본인 선원들뿐만 아니라 한국 선원들까지 깜짝 놀랐다. 한마디도 못 하던 사람이 일반적인 일본 말을 하니… 나는 이 배를 타기 전, 부산에서 일본어책을 구입해 왔으며, 아무도 모르게 내 방에서 3개월 동안 불철주야로 열심히 공부하고 또 일본인들의 대화에 귀 기울인 결과이다.

일본 요코하마항에 입항했다.

일본 선주 측에서 감독이 올라와 우선 나부터 불러서 열심히 해줘서 고맙다고 정중히 인사한다. 어리둥절하니 그동안 시도 때도 없이 한국 선원들의 강제귀국 조치의 원인을 보고서를 통해 알게 되었고, 또 세계에서 유일무일한 심야에 천측을 하여 위험을 예방한 2등항해사라고 칭찬한다. 그리고 이제 보니 일본 말(내가 승선할 때 감독을 보고 인사까지 했다)까지도 하니 대단한 한국인의 2등항해사란다. 그리고 선장, 1등항해사, 1기사는 이 항에서 그동안 불미스러운 일들의 본보기로 하선 조치할 테니, 잘 부탁한다고 정중히 인사까지 한다. 그러면서 앞으로도 무슨 일이 있으면 자기에게 한국말로 해도 좋으니 직접 보고하라고, 일본일 선원들 앞에서 부탁하니— 이 건으로 부산 바닥에 이제는 쪽발이 킬러라고 소문이 쫙 퍼졌다.

독일 배에서는 트러블 메이커, 일본 배에서는 쪽발이 킬러. 한국의 회사로서는 십 년 묵은 체증이 쑥 내려가듯이 속 시원한 쪽발이 킬러가 있으니 든든할 뿐이다.

아르헨티나의 부에노스아이레스항에 입항하기 위해서 항해 중에 포클랜드 연안으로 항해했다. 심야의 당직시간에 뭔가 이상에게 알 수가 없어서 선장에게 보고하니 잠자다 말고 선교로 올라와서 위치 확인 후 레이다를 주시하는데, 뭔가 화면에 뜨다가 사라지기를 반복(비행기가 낮게 비행하면 레이다에 나타나다가 높게 비행하면 사라짐)한다. 그렇다고 기관을 이 한밤중에 기관 정지까지 할 입장은 아닌데… 느낌이 영 좋지 않다.

포클랜드의 섬을 지나서 가야 하는 항로를 따라 항해하는데, 헉 이게 뭐람!

갑자기 배 주위 여기저기서 폭음이 들리고 어두운 밤하늘이 훤한 대낮처럼 밝혀졌다. 조명탄이 여기저기서 막 터지고 있으니… 선교에 있던 당직자 선장도 돌발 상황에 그야말로 놀래서 오줌을 쌀 지경으로 무슨 상황인지 확인에 여념이 없는데, 무선 전화기로 본선을 호출한다. 본선을 호출한 곳은 아르헨티나의 해군이었으며 차항 입항지와 승선 중인 선원들의 국적 등을 확인하고, 안전 항해하라는 지시뿐이다.

요는, 영국과 아르헨티나가 포클랜드를 두고 전쟁하던 상황에 아르헨티나의 해군이 경비하는데, 갑자기 빠른 속도로 접근해 오는 우리 배를 보고 영국 해군의 군함으로 착각하고, 이 배를 포획하려고 비상 작전을 개시했던 것이다.

우리는 전쟁하는 줄도 모르고 접근 항해를 하다가 팔자에도 없는 조명탄의 폭발과 동시에 밤하늘을 훤하게 비추는 조명탄에 놀라 쌩똥은 아니지만 쌩오줌까지 싸야만 했으니… 빠른 배를 두 번 다시 탔다가는 물귀신 되기 십상이었다.

한번은 부에노스아이레스에 입항을 했는데, 가는 날이 장날이라고 한국과 아르헨티나와 월드컵 축구 시합을 하게 되었다. 우리 선원들은 그런 줄도 모르고 상륙해서 술 한잔 마시고 또 아가씨들 생각에 바에 들어갔다. 아가씨들이 수평선 넘어서 찾아온 손님에게는 관심도 없고 텔레비전 앞에 다 모여 있었다. 무얼 그리 열심히 보나 했더니 아니 대한민국의 선수들이 나오지 않는가.

우리도 텔레비전 앞에 모여들어 대한민국을 응원했다. 결국 선원들은 한국을, 아가씨들은 아르헨티나를 응원하며 패가 갈려 서로 자기 팀이 이긴다고 큰소리쳤다. 결국은 지는 팀이 술을 사기로 하고 응원하니 술집 바가 갑자기 응원장이 되어버렸다. 아르헨티나의 선수 중에는 그 유명한 마라도나라는 선수도 있었다. 우리 선원들이야 마라도나가 누구인지 알 일도 없으니 무조건 애국심에 이긴다고 우겼다. 아르헨티나를 응원하던 아가씨들은 두고 보자고 하며 기를 써댔고, 우리도 질세라 영차, 영차—!

우리는 3명이고 아르헨티나의 젊은 아가씨는 10명이 넘었다. 우리가 하도 애국심이 강해서 이긴다고 우기니 이 아가씨들도 열받았다. 목이 아프게 소리 소리 지르며 응원했지만, 결국 4대 1로 깨진 시합이었다. 이역만리까지 와서 죽으라 응원했지만, 아르헨티나의 아가씨들 앞에서 무참히 깨질 줄

이야. 이 아가씨들 게임이 끝나기가 무섭게 떼거리로 달려들어 술 사라고 옷을 벗기기 시작하니… 한둘도 아닌 떼거리로 달려드니 어찌할 것인가. 덕분에 마치 고향의 순희를 만난 것처럼 화기애애한 추억으로 남았다.

그 당시에 선원들이 가장 가보고 싶은 나라가 브라질이었고, 그곳에 다녀왔다는 선원만 봐도 부러워했다. 그곳을 입항하게 되었으니, 선원들이 들뜨고 나름대로 잔뜩 기대하고 상륙하여 화려하고 거대한 바에 들어갔다. 넘쳐나는 것이 아가씨들이며, 바에 들어가기 무섭게 선원들을 차지하기 위해서 아가씨들끼리 싸움까지 하니 몸이 하나뿐이어서 유감스러웠다. 긴 항해와 거친 파도에 지친 몸이 예쁜 아가씨들이 따라 주는 술잔을 높이 들어 브라보!

브라질 여성들이 남성보다 월등히 많다 보니, 서로들 남성을 차지하기 위해서 경쟁했고 남성들은 띵 하오.

브라질의 리오 자이데레스에 왔으니 그 유명한 예수상과 비치를 빼놓을 수는 없다. 비치에 가서 보니 동방예의지국인 우리가 오히려 바라볼 곳이 없어서 민망스러웠다. 남녀노소 벌건 대낮에 거의 다 벌거벗고 뛰고 둥글고 모래 속에 파묻혀 있으니… 참 이런 세상도 있구나 싶다. 막상 와보니 브라질을 선망하던 선원들의 마음을 조금은 알 것 같았다.

예수상도 봐야 하니 우리 선원들은 바쁘다.

구경도 못 한 케이블카를 타고 올라가야 하는데, 무슨 인종전시장처럼 여러 나라 사람들로 넘쳐났다. 멋있는 산(높은 산에 있다 보니 자주 스치는 구름과 안개로 더욱 흥분하게 된다)에다 예수의 동산을 세워 놓고서, 많은 사람이 종사하며 먹고사니, 누구의 아이디어였는지 참 부럽다.

그런데 우리는 뭔가.

우리에게도 그 유명한 이순신 장군이 있지 않은가. 세계에서 유일무이한 철갑선을 최초로 만들고, 12척으로 120척의 그 못된 왜군을 격파했던 훌륭한 이순신이 있는데도 말이다. 부산항에 오면 제일 먼저 눈에 띄는 영도산에 거대한 동산과 거북선을 만들어 외국 선원들이 입항하면 한 눈에 보이고, 보이면 관심이 촉발하고, 촉발하면 찾게 되는 것이 인간 아닌가.

거북선 기록을 보면 판형(성냥갑)으로 만들었다고 하는데, 이것이 중요한 단서가 될 수도 있다. 즉 요즈음 배도 배의 밑바닥을 판형(선박의 효율성을 극대화하기 위해서)처럼 평평하게 만들고 있으니, 당연히 특허비를 받아 내야 하는 것 아닌가? 왜 선조들이 해준 것도 찾아 먹지도 못하고 있으니 함 아쉽기만 하다.

오렌지 원액의 드럼들을 가득 싣고 세계적으로 유명한 미국 플로리다주의 미항 중 하나인 마이애미(용선자는 코우콜라)항이다. 막상 마이애미에 와서 보니 한국의 해운대의 백사장은 어린애들 해수욕장에 불과했다. 광활하고 끝없이 펼쳐진 백사장 속에 남녀노소 할 것 없이 인종전시장처럼 뒤엉켜 잘들 놀며, 비취장에 가까운 부두에 접안하니, 세계에서 제일 빠른 배를 구경하겠다고 수영복 차림으로 몰려왔다. 그렇다고 입장료를 받을 수도 없고, 동방의 예의지국 사람으로서 매정하게 구경도 못 하게 할 수도 없다. 또 외부인사가 오면 안내자를 붙여야 하고 또 설명도 해줘야 하니, 내가 싫든 좋든 담당을 해야 했다.

마이애미에 가까운 곳에 또 우주 발사장이 있어 가는 날이 장날인지라 우주 발사를 한다고 사람들이 모여들었다. 덕분에 위성이 푸른 하늘을 향해서 치솟는 것도 보았다.

세상은 좁다

차항은 칠레의 발파라이소에서 사과를 싣고 북유럽으로… 발파라이소의 외항에 닻을 놓고 순서를 기다리기 위해서 대기하는데, 우리처럼 사과를 싣기 위해서 냉동 배들이 외항에 꽉 들어차 있었으니, 얼마나 많은 사과(이곳의 사과 맛이 월등하고 큼)가 생산됐는지 알 수는 없지만, 냉동 배가 엄청 많이 이곳에 온 것으로 미루어 볼 때 생산량이 엄청난 것 같다.

우리 배는 용선주가 다른 배보다 늦게 도착했지만, 용선비가 비싼 배다 보니 쉽게 말해서 중간에 새치기하여 서둘러서 부두에 접안을 한다. 접안하고 수속마치고 하역 개시와 저녁밥들 먹고 신고식(외출하여 바에서 아가씨들 만나는 일)하러 상륙을 한다.

부두의 정문에 나서니 아가씨들이 줄서서 선원들을 유혹하는데, 우리가 한국말을 하니, 코레 사람이라고 이 아가씨가 한국말로, "야, 씹하자, 씹." 하지를 않는가? 처음에는 아가씨들이 한국말을 할 줄은 상상도 못 했으니 잘못 들은 줄로 알고 무시했는데, 재차 "씹하자" 한다. 그 말에 열 받아서 "씹 안 해." 했더니, 이 아가씨 왈, "고자다, 고자다!"라고 외치며 놀려댄다. 이건 뭐 바에 들어가기도 전 정문에서부터 이러니.

이곳의 아가씨들이 한국말을, 그것도 저열한 말을 한다는 것은 한국 어선들이 많이 들락거리면서 가르쳐도 꼭 못된 것만 가르쳤다는 뜻… 이것은 딱 하늘에다 침 뱉기식으로 결국 우리에게 돌아온다.

유명한 바에 들어서니, 여러 나라의 선원들로 꽉 찬 바는 국제 인종전시장이 되어있다. 아가씨들은 서로 맘에 드는 파트너를 찾기 위해서 그야말로 혈안이 되어있으니, 숨 쉴 틈도 없이 계속 접근한다.

헉, 이게 뭐람?

나에게 찾아오는 아가씨가 분명 로사가 아닌가?

브라질의 리오 자이데레스에서 만나서 뜨거운 사람을 나누었던 로사… 아니 이게 어찌 이런 일이 꿈에도 상상도 못 한 일이 이 바에서 벌어지다니! 로사는 뜨거운 눈물을 흘리며 벅찬 기쁨에 끌어안고 떨어질 줄 몰랐다. 같이 나온 우리 선원(영문을 모르니)들도 갑작스런 일에 당황도 잠시 우리들의 재회를 위하여 건배, 건배!

　우선 급한 대로 예쁜 아가씨들을 찾아서 선원들의 파트너부터 정해주고 둘이 앉아서 이야기를 들어보았다. 이 아가씨들은 계절(주로 생산되는 과일을 따라서) 따라서 국경을 넘나드는 '인간철새'였다. 요즈음은 이곳 발파라이소는 사과 수확철이 되면 냉동 배가 많이 오며, 냉동 배들의 선원들을 상대해서 돈을 벌기 위해서 다시 귀향했단다. 그때 브라질의 리오 자이데레스에서 만날 때는 그곳이 오렌지수확철이라 우리가 만났던 것이라니, 무슨 꿈같은 이야기지만, 이렇게 재회를 한다는 것은 무슨 놈의 인연인지. 오대양을 끝도 없이 돌고 돌다가 칠레의 발파라이소에서 다시 만날 줄은 꿈에도 생각 못 했다.

　로사는 기뻐서 감격의 눈물만 흘린다.

　로사는 이제는 애인이 아니라 아예 마누라 노릇(난 아직 총각인데)을 하며 그 많은 아가씨가 내 옆에서는 얼씬도 못 하게 한다. 발파리소뿐만 아니라 칠레 전국에 소문을 다 퍼뜨릴 기세다.

　우리 선원들은 언제나 외로운 나그네의 발길이 아쉬운 발길이 아니었던가!

　이곳의 사과는 맛도 좋고 크기도 좋아서, 세계 각국으로 수출하기 위해서 냉동 배가 모여들어 실어 나르니 부러울 뿐이다.

하루는 오후 당직 중에 사과를 계속 실으니 배의 높이가 낮아져서, 느슨한 밧줄을 다시 잡아 붙들어 매기 위해서 선수에 나가보았다. 선수 쪽 부두에는 고급 승용차들이 많이 모여 있고, 칠레의 하역 인부도 통제하는 모습을 보니, 꽤나 높은 분이 행차하신 모양이다. 우리는 하던 작업을 일시 중지하고 무엇을 하는지 선루에 서서 구경하다가 휘파람(옛날에 선원들이 통신 수단으로 멀리 있는 사람에게 신호를 보내기 위한 휘파람)을 '휫~ 휫~' 불며 반갑다고 손을 흔들어 주니, 이 높으신 분도 여유를 가지고 웃으며, 손을 흔들어 회답해 준다. 후에 알았지만 그는 칠레 대통령이었다. 한국 같았으면 모르기는 해도 경찰서에 붙들려 가서 건방진 뱃놈이라고 귀싸대기 몇 대는 맞았을 것이다.

사과를 싣다 보니, 하주 측에서 맛있는 사과를 50박스를 덤으로 선원들 먹으라고 부식창고에 별도로 실어줬다. 좁은 부식창고가 넘쳐나서 선원들 방에서 먹으라고 나누어 주니 시도 때도 없이 선원들은 때아닌 사과를 물고 다닌다. 이러다 보니, 선원들의 변비가 귀신같이 사라지지 않는가.

바로 그것이다.

옛날에 우리 말에 대구 아가씨들이 예쁘다고 했었는데, 이 것은 사과 주산지가 대구인지라 아무래도 사과를 다른 곳에 사는 사람보다 많이 먹으니 피부가 예뻐서 미인이 많았을 것으로 유추가 된다. 그렇다고 많이 먹어도 배탈 나는 일도 없었다.

결국 이별의 뱃고동을 울리며 풋사랑의 이별에 눈물을 흘리고 손을 흔들며 기약도 없이 떠나가야만 한다. 그놈의 정이 무엇인지 언어(스페인어를 사용함)도 제대로 통하지 않지만, 젊은 3등항해사가 이 아가씨의 풋사랑에 빠져 귀선하지 않았다. 아마 이 3등항해사는 나의 재회한 것보다 더 뜨워서 차마 아가씨를 두고 떠날 수 없어서 과감하게 아가씨와 줄행랑했으니… 아가씨의 집에 쫓아가서 확인해 봐도 둘 다 안 들어왔다고 하니, 이 칠레까지 와서 닭 쫓던 개가 되었다.

언제나 출항할 때는 그러하듯이 말은 못 하고 각자 나름대로 무거운 맘으로 떠나는 항구가 아니었던가. 그런데도 어린 3등항해사를 이 이역만리 타국에 두고 떠나야 하니 더욱 가슴 아플 뿐이다.

이 3등항해사는 후에 듣기로 3개월 동안 발파라이소에서 아가씨와 같이 생활하다가 돈 떨어지니, 아가씨가 줄행랑을

쳐 거의 거지처럼 생활하다가 영사관에 구조를 요청하여 귀국하게 되었다고 들었다.

맛있는 사과를 잔뜩 싣고 북유럽을 향해서 출항한다.

일본 선장은 유럽의 독일 배에 승선하면서 신물이 나도록 다녔다고, 도버해협에서 sea 도선사를 승선시키지 않고 자력으로 항해한다. 왕래하는 배들도 많고, 기후도 나빠서 시야도 안 좋고 또 수로를 따라서 항해해야 하고 또 본선은 속력이 너무 빨라서 아차 하면 큰일이 벌어지니 문제이다.

선주에게 점수를(비싼 도선비 절약) 따기 위해서 자력 항해를 하니… 바짝 긴장하고 도버해협을 항해하면서 보니, 우리만 긴장하고 있는 것이 아니라, 도버해협을 관리하는 수로국도 바짝 긴장하고 계속 방송을 하고 있다. 운항하는 배들은 속력이 빠른 배가 항해하고 있으니, 미리 피해서 안전거리를 유지해서 항해하라고 계속 방송한다. 덕분에 본선은 안전하게 운항할 수 있었다.

첫 항은 함부르크, 스웨덴의 오슬로를 거쳐 덴마크의 코펜하겐까지 들어가서 사과를 하역해야만 했다. 코펜하겐은 그 유명한 인어상을 찾아 저녁을 먹은 후 나섰지만, 도무지 북극권이 되다 보니, 밤인지 낮인지 희뿌옇기만 했다. 시도 때도 없이 이들은 공원에서 밤낮도 가리지 않고 끌어안고 뒹굴고 있으니… 공원에 있던 인어상은 기대했던 것보다 실망스러웠다.

정신없이 오대양을 누비고 다니다 보니 어느덧 계약 만료 1년이 다 되어 갔다. 서서히 귀국 준비를 하는 중인데, 한국의 사장으로부터 전문이 날라왔다. 1년 더 연장근무(일본의 선주의 간곡한 요청이니)해 달라는 간절한 부탁이다.

나로서는 귀국하면 결혼해야 하고, 결혼하면 돈도 필요하고 또 배를 그만두고 전업할 계획이었으니, 마지막으로 1년만 더 승선하기로 했다.

천지개벽

카사브란카에서 양고기를 싣고 이집트의 알렉산드리아로 항해하는 중 그 유명한 지브롤터해협(불과 2.8키로)를 두고 유럽과 아프리카로 대서양과 지중해로 갈라지니…

대서양에서 그 처녀의 바다라고 했지만 일찍이 독일 배에서 코피를 한번 흘린 경험이 있는 나로서는 영 이 처녀 바다가 맘에 안 들지만 어쩔 수 없이 이제는 처녀바다를 항해해야만 한다.

점심을 먹고 근무(12시부터 16시까지)하러 선교에 올라가서 3등항해사하고 당직 교대를 한 후, 오후 1시쯤 새까만 구름이 거센 바람을 따라서 몰려오기 시작하더니, 천둥 번개가 번쩍번쩍 하늘과 바다를 삼킬 듯이 몰아친다. 그리고 갑자기 주먹만 한 큰 우박이 배를 내리친다. 이 우박이 무슨 찰떡처럼 배에 착 달라붙는다.

거센 바람과 파도에 배가 육지 쪽 아프리카의 알제리연안으로 압류되어 가고, 시야는 폭풍우와 우박으로 전혀 앞이 보이지 않는 '0'이다. 레이다만 보며 운항하고 있는데, 레이다마저 이 절박한 상황에서 화면이 갑자기 새까만 먹통으로 변하며 아무것도 보이지 않고, 순식간에 선교도 깜깜한 암흑으로 변해버린다. 거센 바람에 우박이 창문에 떡처럼 두껍게 달라붙는다.

멍청히 선교에 있다가는 거센 바람에 파손되어 휘날리는 유리창 파편에 맞아 죽을 수도 있을 것 같았다. 겁에 질려서, 우선은 살고 보자고 나는 급하게 차트룸(해도실로 선교의 안쪽에 비치되어 있음)으로 몸을 피신하고 본다.

세상에 이런 일도 있다니…

그 누구에게 들어보지도 못했고 또 보지도 못한 이런 끔찍한 일이 이 지중해에서 그것도 대낮에 순식간에 내 당직시간에 벌어질 줄이야… 차트룸에 쪼그려 앉아 있으니, 이 세상을 집어삼킬 듯이 휘몰아치던 바람과 우박이 소강상태로 변했다. 하여 선교에 나와서 레이다를 보니 멀쩡했다. 그래서 주위를 탐지해 보니 큰 장애물은 없지만, 선교에 설치되어 있는 유리창마다 우박이 두껍게 달라붙어 있어서 어두컴컴했다. 조타수를 시켜서 우박을 긁어내리니, 깨끗했던 유리가 얼마나 우박에 얻어터졌는지 새까맣게 멍(대기 중의 먼지 물질임) 들어 있었다.

　이 상처는 아무리 닦고 닦아내도 닦아지지 않았다. 온갖 방법을 다 동원해도 안 되어서 후에는 커터 칼을 눕혀서 일 일이 밀어내어 벗겨야만 했다.

　이것은 한랭전선이 통과하면서 발생하는 현상이었다.

　이집트의 알렉산드리아항에 입항하여 양고기를 하역하는데, 이 비싼 용선료인 이 배를 창고로 이용하며 하역하니 진행이 무척 느리고 따라서 질서도 없다. 그 중동 사람들은 다 알라신인지 뭔가를 믿는다고 여자는 히잡인가 뭔가를 뒤집어쓰고, 남자는 마치 우리들의 치마 같은 것을 입고 휘날리며 아무 곳이나 다닌다.

　세상 사는 곳은 다 똑같다.

　잘살고 못 살고 차이만 있다뿐이지… 그런데 이 치마 같은 것을 입고 하역작업을 한다고 하다가 자기가 필요한 물건이 눈에 뜨이면, 물건 있는 곳으로 가서 그 치마 같은 것으로 덮으며 알라신에게 절을 하는 척하고 감춰서 들고 나간다. 믿지나 말지… 어찌 되었든 그 유명한 이집트의 알렉산드리아에 입항하여 스핑크스와 피라미드도 구경하고, 촌놈이 팔자에도 없는 낙타도 타 봤으며, 아랍 여인의 육감적인 벨리

춤까지 구경했다.

　세상은 돌고 도는 세상인지라 미국의 필라델피아까지 왔으니, 휴일이 끼어 하역작업도 없다. 모든 것이 적막한 이른 새벽부터 불청객이 배에 올라와서 아침밥 좀 달라고 한다. 우리는 그래도 동방예의지국이며 6·25 때 본의 아니게 미국에 빚을 졌으니 이들을 최대한 배려해 줘야 도리인지라, 아직 식사 전이니 시간이 되면 줄 테니 선원식당에서 기다리라고 말했다. 현관 밖을 보니 승용차가 있어서 누가 올라왔는지 당직자에게 물어보니, 밥 달라고 한 사람이 타고 왔다고 한다.

　바로 이것이다!

　미국도 사람이 사는 곳인지라 거지가 있다, 다만 차이가 있다면 미국 거지는 미국답게 승용차가 있어야 구걸을 할 수 있으며, 다른 나라는 승용차도 없고 그냥 맨입으로 구걸을 하는 차이뿐이다. 이 광활한 미국에서 걸어다니며 구걸을 할 수는 없을 것이다. 차 타고 다니며 이 동네에서 저쪽 동네로 이동하면서 구걸해야 하니, 차가 필요할 법도 했다.

　모처럼 낮에 상륙할 기회가 왔다.

　상륙은 했지만 여기서 워싱턴에 있는 그 유명한 자유 여신상을 보러 갈까 했지만, 시간적인 여유가 없어서 그냥 포기하고 산책을 하자며 공원에 갔다. 공짜 같은 값싼 아이스크림 하나씩 사서 들고 걷다 보니 공원에서는 동네 아이들이 남녀 구별 없이 모여 처음 보는 이상한 야구를 하고 있었는데(소프트볼), 이런 야구는 처음 보는 것이었다. 관중석에 앉아서 경기를 보며 웃고 떠들고 여유로움을 만끽하다가 어두워지니 귀선할 사람은 귀선하고 뭔가 허전한 사람은 마트에 들어서 저녁을 간단히 때우고, 수소문하여 바를 찾아 들어갔다.

이곳도 무대에 금발의 미녀들이 나와 봉을 잡고 아슬아슬한 옷을 입고 춤을 추며 손님들 맘을 흔들어 놓는다. 바에 들어온 손님들은 주로 주민들이었다. 외국인은 우리밖에 없었다.

그런데 이 바에 들어온 손님들은 술 한 잔씩 마시다가 떨어지면, 저 테이블에 앉아 있는 외국인을 위해서 브라보하자며 술을 두 잔(두 명이니)을 사서 보내면서 브라보! 외쳤다.

그런데 이게 끝이 아니다.

바에 들어온 손님이 술을 더 주문할 때마다 우리 것까지 주문한 후, 브라보!

이러다 보니 분위기 좋고, 좋아 결국은 한동네의 주민과 선원이 되어 브라보! 브라보! 바다 건너온 선원들을 위해서 브라보!

 벼룩도 낯짝이 있다고 우리도 한 잔 사겠다고 하니, 우리는 여기 온 손님이니 안 된다고 하며 술만 사준다. 세계 각국을 돌아다녔지만 공짜 술은 처음으로 필라델피아의 바에서 마셔보았다. 이럴 줄을 알았으면 우리 선원들을 다 데리고 나왔을 텐데…

 필라델피아는 미국의 북쪽이며, 미국인의 선조들은 북유럽에서 배를 타고 개척의 미국(북쪽)으로 온 이들의 후손이기 때문에 기꺼이 선원들을 반갑게 접대해주는 것을 안 것이다.

 춤추는 아가씨가 맘에 들면 놀아도 된다고 하지만, 나는 오래전부터 '자라 보고 놀란 가슴, 솥뚜껑만 봐도 놀란다'고 내키지 않았다.

 하역을 마치고 과테말라(카리브해협쪽)에 입항했다.

 바나나를 싣고 지중해의 유고슬라비아에서 하역한다는 전문이 거창하게 날라 온다.

 떠날 때는 아쉬움만 가슴에 안고 떠나야만 하는 나그네의 쓸쓸한 발길이 아니었던가.

 선원들은 짧은 항해 기간 내에 다음 화물을 싣기 위한 준비를 해야만 하니 바쁘다.

 우선 마지막 항에서 하역한 화물들의 잔해들을 다 치우고,

물로 화물창들을 전부 깨끗이 씻어내리고 난 후, 젖은 창을 물기 없이 전부 말려서 아닌 말로 티끌 하나 없이 완벽히 준비해야 한다. 하역 항에서 검사관이 화물창을 검사한 결과 이상이 없다는 서류를 받아야 화물을 실을 수 있다.

만약 통과 못 하면 통과할 때까지 준비 작업을 해야 하니, 그 손해가 눈덩이처럼 어마어마하다. 이 책임은 완전히 선원들 몫이다. 왜냐하면 화물창의 값싼 청소비를 받기 때문이다. 이렇게 되면 어느 선주가 가만두겠는가. 그야말로 값싼 푼돈 받고, 파리 목숨이 되고 마니, 최선을 다해야만 한다. 이렇다 보니 화물을 실어야만 하는 화물선들은 그 어느 배마다 부족한 일손인지라(선주가 인건비 주면서 필요 없는 선원을 태울 사람은 없고, 꼭 필요한 인원만 태움) 항해 당직자까지 나와서 부족한 일손을 채워야 하고 또 항해 당직도 서야만 된다. 그러면서 생명과 직결되는 오늘도 안전 항해! 안전 항해!

마야문명의 발산지.

이곳도 에스파냐의 식민 지배를 받았다. 그 옛날에 이곳까지 와서 지배했다니, 에스파냐가 얼마나 막대한 세력을 가지고 세계를 지배했는지…

에스파냐의 지배를 받은 나라들은 한마디로 술 마시고 노는 쪽으로 잘 발달되었고 사람들도 낙천적이니 재미있다.

그런데 우리들의 선조들은 이 시대에 무엇을 했는지 생각하면 암담하다.

유럽 열강은 세계 각국으로 돌아다니며 자신들의 속국으로 만들고 통치했는데… 하기사 우리들의 선조들은 한술 더 떠서 유럽의 바이킹들의 후손들을 잡아다가 노예로 혹독한 강제 노동을 시켰다는 역사가 있는 것으로 위안삼아야 할지. 즉 유럽의 바이킹 후손들이 일본을 가다가 태풍을 만나서 제주도에 좌초되어 오가도 못 하게 되어, 이 보지도 못한 인종들이 무슨 원숭이처럼 털도 많은 희한한 놈들인지라, 이놈들을 잡아 묶어서 한양까지 압송하여 임금님과 한양 사람들에게 구경시키지 않았는가. 이것으로 부족해서 그 후, 이들을 다시 전라도로 압송시킨 후, 밥만 줄 수는 없는 노릇이니, 여름철 수해 방지를 위해서 새끼를 꼬고, 또 가마니 짜는 것을 가르쳐서 노역을 시켰던 것이다(하멜 표류기).

이것도 각자 분산시켜서 했다. 한곳에 모아두었다가는 반란도 있을 수 있고, 또 도망갈 궁리를 할 수 있으니, 분산까지 시켜 놓고 노역만 시킨 유례가 있으니, 동양에서 유일하게 유럽인을 노역시킨 역사가 있으니 대단한 선조가 아닌가… 결국은 혹독한 노역을 보다 못한 농민들의 도움으로 줄행랑을 쳤다고 한다.

어찌 되었든 과테말라까지 와서 바나나를 싣고 가야 했다. 그러나 사람들 구경이라도 해야 하니 저녁들 먹고 상륙개시를 하여 유명한 바를 물어물어 찾아들 갔다. 들어서니 시끌벅적거리며 무대에서는 아가씨들이 춤추며 유일한 동양인인 우리에게 유혹의 신호를 내보낸다. 춤추는 과테말라의 아가씨들을 보기 위해서 무대의 앞쪽 자리에 엉덩이 내려놓고 건배! 건배! 늦은 시간이 되니 사람들도 많이 들어 오고 무대도 더 요란히 춤도 잘들 춘다.

마룻바닥을 발로 두드리며, 손에든 주걱 같은 목악기로 박자를 맞추는 모습이 너무나 신기로울 뿐이며(Espana의 Flamenco), 춤추는 아가씨의 미소에 열광하는 특유의 라틴 문화에 녹아내리며 건배! 육감적인 무희는 춤추다 말고 그 아슬아슬한 손바닥만 한 빤스를 벗어들고 흔드니, 무도장은 적당히 취한 관중은 흥분의 도가니가 괴성을 지르며 난리법석이다. 이 아가씨는 그 손바닥 한 빤스를 냅다 유일한 동양인이 앉아 있는 우리 테이블에다 던지며 손으로 키스의 신호를 보내니, 관중은 '와!' 하며 괴성을 내지른다. 한 잔씩 된 우리는 테이블에 떨어진 빨강 빤스을 보고 기겁해서 일어나 다들 냅다 도망가니, 우리의 돌발적인 행위에 모두 배꼽을 쥐고 웃으며 함성에 바의 지붕이 날아갈 거 같다.

 한잔 술에 검푸른 파도에 시달린 피로를 그리운 고향도 잠시 잊고, 내일을 위하여 전진, 전진뿐이다. 바나나를 한배 가득 싣고 지중해의 유고슬라비아를 향해 출항. 바나나를 실을 때, 제일 신경 써야 하는 것은 컨베이어벨트를 타고 들어오는 박스 속에 혹 노랗게 익어가거나 익은 바나나가 있는지 찾아내는 것이 제일 중요한데, 어디 이게 쉬운 일인가. 수도 없이 컨베이어벨트를 타고 오는 박스 속의 바나나를 인데. 익은 바나나는 상품성이 전혀 없어 즉시 처분(먹거나, 바다에다 투척)해야 했다. 바나나가 익은 것이 만약 하나가 있어도 전염성이 아주 강해서 주위의 바나나들도 쉽게 익어서, 상품성이 전혀 없는 쓰레기로 변질되어 버린다.

 해서 창마다 온도의 센서(감지기)가 여기저기 많이 설치되어 각 창의 곳곳의 온도를 수시로 확인해야 했다. 온도가 올라가는 곳은 익어가는 바나나가 있다는 것이니, 화물로 꽉 차서 좁은 공간으로 들어가서 익어가는 바나나의 박스를 찾아내야 하는데 이게 여간 고된 일이 아니었다. 힘들다고 방치했다가는 화물창 내에 있는 바나나가 다 익어 불량품이 되어 하역 못 하고, 선원들이 다 바다에다 투척했던 일도 있었다. 그러니 모든 일이 만만한 일이 없다. 아무리 재미있고 좋은 일도 이것이 직업이 되면 그 순간부터 괴롭다고 하지 않는가!

지브롤터를 통과하여 그 유명한 지중해를 거쳐 공산국가인 유고슬라비아에 입항하여 하역 개시를 했다. 항해 중에 익은 바나나를 가려냈다고 해도 나온다. 익은 바나나는 하역한 육상에도 넘쳐났다. 작업 인부들은 아예 쌓아 놓고 먹어가며(상품가치가 없으니 먹어도 됨) 하역작업을 한다.

부두에 어린 학생들이 모여들기 시작한다.

아마 부두와 배 그리고 하역작업 등을 견학하는 모양인데, 노랗게 익어서 먹음직스러운 바나나가 여기저기 쌓여 있는 것을 보고 어린이들 와 하면서 바나나를 집어 가져간다. 어차피 쓰레기로 버려야 하는 바나나인지라 누구도 제지하지 않고, 오히려 가져다 먹으라고 하니 어린이들은 부두에 견학 왔다가 신바람 났는데… 인솔 교사가 휘슬을 불어 통제한다. 어린이들은 머뭇거리며 인솔 교사의 지시에 따른다. 공짜의 먹음직스러운 바나나를 두고 한 200명이 넘은 어린이들이 교사의 지시에 따른다는 것은 아마 공산국가에서나 가능할 것 같았다.

교사는 서둘러서 어린이들을 인솔하여 부두 밖으로 나간다.

그냥 어린이들이 좋아하는 바나나를 맛있게 먹어보게 하면 안 되는지 공산국의 교사는 뭔가 다른 것처럼 보였다. 공산국가를 입항하려면 우리 한국 선원들은 미리 영사관의 허락을 득하고 상륙도 금지하고, 귀국하면 부산경찰서에 가서 그야말로 소설 같은 감상문이란 것을 거창하게 써내야만 했다. 선원들에게 황금보다 더 귀중한 휴가인데. 공산국 갔다는 이유만으로 불러내서 감상문을 쓰라니. 감상문이 만족스럽지 않으면 또 불러내어 써야만 했다. 불응하면 승선하는데 지장을 받으니, 울며겨자먹기식으로 가야만 했다.

하지만 공산국은 도대체 어떤 나라인지 체험해 보고 싶은 맘에 혼자서는 위험할지도 모르니 둘이서 귀신도 모르게 밤(낮에는 선원들의 눈이 있으니)에 빠져나와 부두의 정문에 나선다. 택시가 늘어서 있지만 언어소통도 안 되고 해서 무조건 제일 크고 놀기 좋은 바(밤에는 관광도 안 되니, 갈 곳은 바밖에 없음)가 있는지 물으니, 아주 좋은 곳이 있는데, 산을 넘어서 큰 도시로 가야 한단다.

무조건 출발이다.

곧바로 산 쪽으로 올라서는데 길이 꼬불꼬불하며 울창한 숲으로 뒤덮여 있을 뿐만 아니라, 가로등마저 없으니 깜깜하고 적막할 뿐이다. 이 산을 넘어 내려가야 있단다. 유고슬라비아도 무서운 공산국인데, 이런 험난한 길로 밤에 데리고 가면 잘못하다가는 말 그대로 객사 당할 수도 있다. 불안함을 느낀 나머지 40분 정도 달리다가, 오는 시간도 감안하면 안 될 거 같아 다시 배로 돌아가자고 통사정하니, 오케이 하며 차를 돌려세워서 달린다.

왕복 한 시간 반가량을 드라이브하고 부두의 정문에 도착하여 요금이 얼마냐고 물으니, 공산국의 이 택시 아저씨 왈. 손님이 목적지까지 가지 않았으니 돈 받을 수 없으니 그냥 가라고 한다. 귀를 의심하고 재차 물어봐도, 이 아저씨 웃으며 잘 가라고 한다. 너무 미안해서 한국의 라면이라도 가져다주고 싶지만 당직자의 눈이 있어 이것도 쉽지 않다.

후에 이 일을 곰곰이 생각해 보니, 공산국가에서나 가능한 일이었다.

차도 국유이고 봉급도 국가에서 주니 과속할 이유도 없고, 기를 쓰고 돈 벌 이유도 없었다. 우리도 빨리 아무도(선원들) 모르게 들어가야 하니 아쉽지만 아듀!

결혼

결혼이란 것은 남녀가 만나 생사고락을 함께하는 것이 부부이지, 직업상(선원들) 떨어져 산다는 것은 진정한 부부라고 말할 수도 없다.

해서 나는 마지막 배에서 하선해 귀국하니 공항에 처음으로 마중 나온 여인이 따뜻하게 맞이해 준다.

가슴이 찡하며 그야말로 기분이 째진다. 집에 들어서니 무조건 이 여자와 결혼하라는 부모님의 성화부터 떨어지고 칭찬이 구구절절하며, 다른 여자는 선볼 생각도 말라며, 아예 셋째 며느리로 말뚝을 꽉 박아버린다.

하선했으니 함께 부산으로 여행 겸 회사 사무실에 들어섰다. 마침 외출 준비하던 사장님이 반겨 맞이해주시며 어서 오라고 하신다.

우리 회사 창설한 이후 처음으로 특별 성금을 선주로부터 받는 경사스러운 일이 생겼다며 박수쳐 주시고, 사무실 전 직원들도 따라서 박수로 환영해 주었다. 사장님은 일본 선주가 특별히 봉투를 준비해서 보낸 감사의 성금을 내어준다. 성의가 가득한 예쁜 봉투 안에는 성금이 50만 엔이란 거금이 있었다. 선주의 부탁과 회사의 요청으로 2년을 무사고로 근무하고 오니, 생각지도 못한 감사한 일이 생긴 것이다.

나 혼자 잘해서 받은 것이 아니고, 함께 승선해서 근무했던 선운들의 협조로 받았으니, 술이라도 한잔 사고 싶어도 떨어져 있으니 맘뿐이다.

나의 뜻을 말씀드리니, 사장님은 일본 선주가 특별히 2등 항해사에게 준 것이니, 같이 온 아가씨와 함께 쓰라며 서둘러서 외출하신다. 이 회사에 입사하여 독일 배(혼승)에서는 트러블 메이커란 별명을 듣게 되고, 일본 배(혼승)에 승선해서는 쪽발이 킬러라는 거창한 훈장을 달게 되었으니…

생각하지도 못한 돈이 생겼으니, 둘이서 잘 돌아다니며 행복한 시간을 보냈다.

회사에서는 언제든지 승선하고 싶으면 오라고 당부까지 한다. 집에 올라와서 여자가 있으니, 부모님은 행여 딴맘 먹을까 봐(핑계 대고 또 결혼을 안 함) 서둘러서 결혼을 재촉하고, 결혼해서 서울 동대문 원목 시장에 가서 장사를 하라다.

아니, 우리 집안은 장사하고는 거리가 멀고 원단의 원자도 모르는 나에게 원단 장사를 하라니…

 알고 보니 처가 될 아가씨가 동대문의 큰 원단가게에서 점원으로 근무를 하고 또 처가 쪽은 장사하는 집안이었다. 이 아가씨까지 자기는 자신이 있으니, 나는 그냥 가게에 나와서 앉아만 있으면 된단다. 부모님은 이 아가씨를 2년 동안 데리고 있으면서 며느릿감이 되는지 안 되는지 행동 하나하나를 주시한 결과 셋째 며느릿감으로 딱이란다. 그러니 난들 어찌하겠는가.

 다행히 부모님 나보다 더 좋아하시는 것을 보니, 시골에서 부모님을 깍듯이 잘 모신 것 같았다. 아가씨는 자신의 뼈아픈 상처를 치료하기 위해서 우리 부모님을 지극정성으로 모셨다. 부모님은 며느리가 셋이나 있지만, 생각지도 못한 처녀의 지극정성을 받은 것이다. 이 처녀를 셋째 아들과 결혼만 시키면 무거운 짐을 내려놓고 모처럼 두 다리 쭉 뻗고 잘 수 있을 것 같았다. 그래서 서둘러서 결혼시키려고 꼼짝도 못하게 붙들어 둔다.

 어찌 되었든 이제는 이렇게 된 이상은 처가집을 찾아가서 장인어른과 제일 어른이신 할아버지에게 인사하러 같이 방문했다. 할아버지, 장인분은 반갑게 맞이하는데, 이제 갓 고등학교를 졸업하고 집에서 놀면서 부모님이 하시던 일을 거들어 주고 보내는 큰처남 작은 처남, 그리고 처제가 영 내가 신통치 않은 모습이다.

우선은 내가 그동안 배 생활을 하다 보니 짠 바닷물에 절어 새까만 얼굴에다, 초면에 차마 말은 못 하고, 얼마나 못났으면, 돈 벌어먹을 데가 없어서 왜놈들 밑에서 돈 벌어먹고 사느냐란 듯이 말을 하니…

피가 거꾸로 치솟아 작년에 먹은 송편까지 올라왔지만, 할아버지, 장인 내외 앞에서 화낼 수도 없어서 참는다고 진땀을 흘려야 했다(이런 놈들이 후에 처제는 아이러니하게 일본인에게 시집을 갔으니). 처남들과 처제는 깜둥이처럼 새까만 내가 맘에 들지 않는 모양이다. 비록 나는 책가방 끈은 짧지만, 그 소중한 외화벌이를 한다고 독일 배, 일본 배 등에 승선해서 단체생활하며 세계 각국을 돌아다니다 보니, 눈치가 9단이 되었다.

물론 나의 내일을 위해서 왜놈들 밑에서 일은 했지만, 그 당시 발전을 위해서 필요한 외화벌이를 피와 땀을 흘리며 검푸른 파도와 싸우며 오대양을 누비며 벌어온 것이 그렇게도 못마땅한지, 따져 보고 싶었지만, 적당히 얼버무리며 넘어가야만 했다. 송해 씨는 전국 노래자랑 할 때마다, 우리들과 인연이란 눈곱만큼도 없는데도 꼭 감사의 인사를 하는데 말이다.

처갓집에 가면 백년손님인 사위를 위해서 씨암탉을 잡아준다는 말도 있는지라, 장인어른은 식당으로 가 삼계탕을 사 주시며, 술도 한잔하자고 권하신다. 하지만 나는 한 잔만 받아 마시고 사양했다. 우리 집안은 술 마시는 식구들이 없으며 또 나도 체질적으로 술 한 잔만 마셔도 얼굴이 뻘겋게 달아올랐다. 술 한 잔만 마셔도 대한민국 술을 나 혼자 다 마신 것 같았다. 이 세상에서 제일 귀여웠던 큰딸의 가슴 아픈 상처는 말씀 못 하시고, 맘을 대신해서 잘 부탁한다고 신신당부하시니 가슴이 찡해 온다.

이제는 처가 생겼으니 배는 그만두고 서울로 올라가서 같이 동대문 시장에서 가게를 얻어 같이 장사하겠다고 계획을 말씀드리고, 장인 말씀대로 큰딸은 이제부터는 제가 어르신을 대신해서 꼭 지켜 드리겠다고 사나이의 맹세를 다짐하고 말씀드렸다. 장인 어르신은 대대로 천주교의 집안이며, 할아버지는 천주교의 성지로 유명한 나바위의 성당에 적을 두고 계신 분(이조 시대, 천주교 박해 당시 피난 온 집안)이니 믿음이 깊은 집안이니, 행동하나 하나가 조심스럽다. 우리 쪽은 어머니가 성당에 다니고 계시니, 우리들의 결혼에 큰 시너지

효과가 있었다.

나는 그동안 정신없이 외화벌이했던 돈을 다 정리하여, 처에게 전부 줘서(외화벌이했으니, 서울 지리도 모르고 또 장사하고는 너무나 거리가 먼 시골띠기인지라) 서울에 전세 아파트 하나 얻고, 그 유명한 광장시장에 원단가게 하나 얻고. 원단 준비 좀 하고, 결혼(성당에서)하고 나니, 돈이 딱 맞아떨어졌다.

마누라 덕분에 광장시장에서 시작했지만, 바다에서 잔뼈가 굳은 나로서는 말주변도 없어서 처가 장사하는 데 아무 도움도 되지 못했다. 그냥 집에서 노니, 마누라는 안쓰럽던지 그냥 가게에 나와서 앉아 있기만 하라고 통 사정했다. 또 처가 시아버지 시어머니에게 집에만 틀어 앉아만 있다고 하여 아버지가 바쁜 시골 일을 중지하고 서울(처음으로 나 때문에 서울로 올라오셨음)까지 쫓아 올라오셔서 함께 장사하라고 그야말로 닦달하셨다. 광장시장에서 원단 장사하는 사장들과 점원들을 집으로 초대하여 인사시키고, 또 초대받은 분들은 나와서 함께 장사하자며 격려를 아끼지 않으니, 어쩔 수 없이 떠밀려서 그야말로 내 팔자에도 없는 원단가게들을 처음으로 구경을 하게 되고 또 원단 장사를 어렵게 시작하게 되었다.

가게에 나왔지만, 나로서는 전업했지만, 원단에 대해서 아는 게 전혀 없으니 손님이 찾아와도 할 말이 없으니 참 기가 막혔다.

손바닥만 한 가게들이 사람들도 지나다니기도 불편한 좁은 통로에 다닥다닥 붙은 가게마다 뜨거운 전구다마(백열등)를 켜놓고 불빛 아래에 쭈그리고 앉아서 손님(대부분이 남대문 시장 옷 장사하시는 분들)을 기다렸다.

옷 장사는 원단이 있는 동대문 시장에서 시작되는지라 돈의 흐름에 민감하고 또 돈이 도는 곳이 바로 동대문 시장이었다. 아침 일찍 일어나 나는 가게로 나가 문 열고 장사 준비하고, 아내는 남대문 시장으로 나가 주문받고 수금한다. 옷들의 흐름과 감각을 알아보고 가게로 와서 주문받은 원단들 보내고 영업을 시작한다. 아내는 이미 원단 장사를 했고 또 처갓집 쪽이 장사하는 집안이 되어, 아내의 말이 천상유수이니… 옆에서 보고 있는 내가 너무나 어이가 없고 황당해서 할 말이 없다. 어떤 때는 이 여자가 진심으로 나하고 사는지, 거짓으로 살고 있는지 의구심이 들어 섬뜩할 때도 있었다. 없는 밑천이지만 아내의 탁월한 장사의 능력에 현상 유지가 되어 가다가 애가 태어났다.

그런데 애가 그야말로 건강한 우량아인 4.2kg의 떡두꺼비 같은 아들을 낳았다. 떡두꺼비 같은 아들이란 말도 애를 낳아봐야 이 말을 알게 된다. 처가 자연분만하여 낳는다고 산고의 진통은 이루다 말할 수 없었다. 애 낳았다고 아버지, 어머니에게 연락하니 아버지는 애 얼굴 좀 보게 애 데리고 속히 내려오라고 한다. 뭐가 그렇게 급하신지 갓 태어난 애를 데리고 오라 하신다. 이미 손주가 8명이 태어났지만, 관심이라고는 전혀 없던 분이 빨리 데려오라고 전화기가 몸살이 날 지경이다.

애가 젖은 잘 먹느냐?

애가 어떻게 있느냐?

똥은 잘 싸느냐?

잠은 잘 자느냐?

별별 것을 다 물어보신다.

애를 낳는 것을 보니, 분명 이 산고란 것이 우리 선조들의 끈끈한 유대가 되었다는 것을 알 수 있었다.

즉 옛날에는 병원도 없으니 전부 집에서 자연분만했을 것이고, 산모는 오직 옆에서 거들어 주는 시어머니를 믿고(산고의 경험자) 그 어려운 산고를 겪으며 낳게 되니, 끈끈한 유대가 생기고 순종이란 것도 자연히 느껴 깨닫게 되는 것이다.

요즈음은 애도 돈을 줘야 나온다는 산부인과에서 낳다 보니 유대관계도 없고, 사람만 더 뻔뻔해지는 것은 아마 당연할 것이다.

애를 낳아 길러 봐야 부모 심정을 안다고 하지를 않는가. 낳아 봐야 진정으로 그 심정을 안다. 말로야 못 할 소리가 있는가. 애가 말을 못 하니 표현할 방법은 우는 것밖에 없지 않은가.

조카들 와서 우는 것도 못 봤는데, 애 낳고 기르다 보니 이해가 되며, 심지어 애가 똥오줌을 누어도 우는 이유를(피부의 반응으로) 알 수가 있었다. 심지어 애가 등이 간지러워도 운다는 것도 알았으며, 등을 긁어주면 울음을 그치고 좋아하는 모습에 다 잊는다. 그런데 그 많은 조카도 내 앞에서는 울지도 못하게 신경질만 냈으니, 애를 낳고 보니 참 부끄러운 일을 너무나 많았다. 눈에 넣어도 아프지 않다고 했던가. 애를 낳아 봐야 진정으로 사람이 성숙되고 부모의 심정을 알 수 있다.

시골에 계신 부모님께서 손주 보고 싶다는 성화에 돌도 지나지 않는 애를 데리고 내려갔다. 동구 밖까지 쫓아 나오신 부모께서 조심조심 안겨드리니 그 나이에도 떡두꺼비 같은 손주를 보고 좋아서 어쩔 줄을 모르신다. 며느리에게 고생했다며 이제는 두 다리 쭉 뻗고 자게 되었다며 좋아하신다. 이게 바로 행복한 삶인 것이다.

 부모님께서 손주를 안고 좋아 정신없으며, 아버지는 한술 더 떠서 손주를 등에 업히라고(아버지의 일생에서 처음으로 손주를 업어 봄) 하시고 그대로 마을로 줄행랑을 놓았다. 그리고는 셋째 아들의 자식이라고 유세하고 다니니, 동네가 시끄러울 지경이다. 애 젖 먹을 때도 지난 줄도 모르고, 동네마다 다니는 것으로도 모자라 아예 전국을 돌아다닐 듯한 기세였다.

 형들과 형수씨 제수들은 이러시는 시부모의 모습에 어안이 벙벙할 뿐이다. 자신들의 아들은 쳐다보지도 않던 시부모가 꼬맹이를 업고 온 동네까지 자랑이니… 애를 키워보니 우량아가 나왔다. 엄마는 힘들어도 우선 좋은 것은 잔병치레가 없어서 좋고, 또 애를 낳으려면 이른 봄에 낳아 자연과 함께 키워가는 것이 큰 도움이 되었다.

 애 엄마의 장사 능력에 큰 어려움 없이 가게는 잘 돌아가고 있는데, KBS에서 사회 초미의 관심사였던 에이즈란 것을 특집으로 방송했다. 그 에이즈에 걸린 사람이 나처럼 외항선원이었으며 그것도 또 자주 입출항했던 남아프리카에 걸려서 투병 중인 것을 특집으로 보도를 한 후에, 원단 시장에 출근하자마자 사장들, 점원들이 모두 다 나를 바라보니 그 시선에 낯 뜨거워 쥐구멍에라도 들어가고 싶었다.

　너도 외항선원이었으니, 에이즈 걸렸지 하고 단정하고 바라보는 눈들이 따가워서 견딜 수 없었다. 심지어 마누라까지 따가운 의심의 눈초리에 시달려야만 했다. 에이즈가 사회의 문제가 되다 보니, 바다에서 숱한 고생하며 외화벌이하고 계약 만료로 입국하면, 공항에서 외항선원들은 지정된 장소로 집합하고 방송하여 별도로 검사를 받고 입국해야만 했다. 이러니 외항선원들은 외화벌이로 고생들 했다고 꽃다발은 고사하고, 입국하자마자 방송에 주눅 들고 에이즈 보균자 취급을 받아야 했으니, 어메 기죽어!

　환장해서 못 살겠다.

　외항선원들은 외화벌이한다고 바다에서 생활하니 여자들하고 접촉할 기회도 아예 제한적이지만, 육지에서 근무하는 자들은 시간과 장소도 가리지 않고 맘만 먹으면 성생활을 할 수 있다. 심지어 관광이란 미명으로 외국까지 가서, 성을 즐기고 오는 자는 아무 제재도 없이 무사통과(공항에서 입국)하고, 오직 외항선원들만 문란한 성생활로 에이즈의 대명사가 되어 뒤집어쓴 것으로도 부족해서, 벌어 먹고살겠다고 팔자에도 없는 장사를 한다고 동대문 시장까지 와서 곤욕을 똑똑히 치르는 것으로도 부족해서, 죄 없는 마누라까지 치러야만 했으니.

사회란 것이 이런가 싶었다.

생각할수록 너무나 답답하고 미칠 것 같아 찾아간 곳이 우리들의 정겨운 뒷동산인 도봉산이다. 비가 오나 눈이 오나 쉬는 날에는 무조건 도봉산에 가서 비무장으로 암벽타기를 했다. 타는 재미에 서로 가르쳐 주며 이야기하다 보면 산행의 동반자들이 생기고, 암벽 타는 코스가 무궁무진하니 스릴이 만점이며 한 번의 실수로 생명에 치명상을 입을 수 있었다. 더 재미가 있으며, 또 난코스를 찾아 도전하여 정복한 감동에 야~호!

처에게 같이 산행하자고 하니 올라갔다가 내려올 것을 왜 힘들게 가느냐며 핀잔만 하니, 어쩔 수 없이 혼자 나서서 도봉산 입구에 가면 시간약속은 안 했지만 일행들을 다 만났다. 또 암벽을 도전하다가 보니, 도봉산의 다람쥐라며 소문이 쫙 나서 도봉산에 자주 오는 사람들은 알아보고 서로 인사들을 할 정도가 되었다.

우리 일행 중에 공안국(국정원)에 다니는 노처녀가 있었는데, 따라다니며 암벽타기를 열심히 배워서 끝내는 도봉산의 암벽타기의 선생님이 되었다. 하산 후 한잔 술에 다 녹아내리니, 이 맛에 산다. 세계 각국을 다녀 봤어도 아기자기한 정겨운 뒷동산이 있는 나라가 없다. 남아프리카의 캡타운에 테이블 마운팅이 있을 정도다. 이곳에는 그 유명했던 희망봉이 있다. 육안으로 보면 걸맞지 않은 데도 유명했으니… 왜 희망봉이라고 했을까?

그 옛날 바이킹들이 황금을 찾아서 아메리칸으로 또 일부는 아시아까지 왔다가 태풍으로 숱하게 죽고 또 이것으로도 모자라서 풍토병으로 죽어났을 것이고 다행히 살아남은 해적들은 귀선했을 것이고, 아프리카의 남단을 돌아서면 살 수 있다는 희망이 보여서 아마 희망봉이라고 하지 않았을까?

어찌됐든 우리에게는 도봉산이 있으니 부럽지 않다.

부부가 함께 장사하다 보니, 애를 돌봐줄 사람이 필요해서 가정부를 둬야 했다. 늦게 시작한 장사인지라 밑천이 별로니 자연히 우리의 형편에 맞는 나이 많은 할머니를 두었는데, 이 할머니는 나이가 있는지라 움직이는 것이 귀찮아서 누워만 있었다. 어린애는 혼자서 좁은 방에서 뛰놀다가 지치면 잠들고 때로는 할머니를 붙잡고 함께 놀자고 떼를 쓸 지경이었다. 해서 나는 장사 끝나자마자 바로 집으로 가서 애를 밖으로 데리고 나가 놀아주었다.

그러다 문득 뒤돌아보니 애 엄마는 언제나 없었다.

장사 끝나고 손님 만나고 온다고 하며 항상 늦게 들어오고, 거기다가 한술 더 떠서 술까지 마시고 들어오는 날의 빈도가 점점 높아지고 있었다. 다 장사를 핑계 삼아서 말하지만, 그렇다고 장사하는 사람들이 다 그런 것이 아니고, 장사 이전에 한 인간이며 또 한 어머니로서 아직 어린애가 걱정도 되지 않고, 술이 목에 넘어갈까. 장사 때문에 같이 못 놀아주니, 최소한도로 애 저녁밥이라도 챙겨 먹여야 하는 것이 아닌가 하는 생각이 들었다.

예나 지금이나 분명 가화만사성인데, 이러다 보니 잔소리가 나오게 되고, 잔소리하면 시아버지 시어머니에게 장사할 줄도 모르는 사람이 잔소리만 한다고 일러바치면, 아버지 어머니는 장사도 모른 놈이 왜 잔소리만 하느냐며 나만 혼내셨다.

그렇다고 왈가왈부하며 부모님하고 싸울 수도 없는 일이고 또 내가 배 탄다고 부모님 가슴만 태웠는데 또 전업하고서도 걱정만 끼칠 수도 없지 않은가?

어른도 애한테 배운다

아내의 빈번한 귀가(말로야 천상유수로 하지만, 모성애는 전혀 없으니 늦게 들어옴)를 보다 못한 나는 하루는 저녁밥도 안 먹고 아내를 기다리며, 아내가 차려 주는 밥을 먹기 위해서 기다렸다. 늦게 귀가한 아내는 있는 밥도 못 차려 먹느냐며 짜증을 내며 잔소리한다.

허구한 늦게 귀가하는 것으로도 모자라서 보란 듯이 술까지 마시고 들어오고, 마치 동대문에서 혼자 장사하듯이 이 핑계 저 핑계를 댔다. 참다가 늦게 귀가해서 미안한 맘은 추호도 없냐고 말하니, 오히려 장사할 줄도 모르는 삶이 왜 잔소리가 많냐고 짜증이다. 순간 화가 치밀어 올라 밥상을 엎어버렸다. 늦은 귀가를 따지니 이제는 밥상 엎었다고 달려든다. 도대체 참는다는 한계가 어디까지인지. 같이 있어 봐야 싸울 일만 있는지라 밖으로 나왔다. 이렇게 장사를 할 줄 알았으면, 차라리 배를 안 타고 처음부터 장사했으면 이렇게까지는 마누라에게 무시는 안 당했을 텐데 하는 후회막심이다.

아침밥을 먹는데 오늘따라 애가 일어나지도 않고 이불 속에 시간만 보내고 있다. 애 엄마가 급한 맘(가게에 나가야 하므로)에 깨워 밥상 앞에 앉히니, 애가 뭐가 맘에 안 드는지 화를 내며 냅다 밥상을 엎어버리지 않는가. 세상에 이런 일이 있는가. 며칠 전에 내 행동을 그대로 따라 하는 것이었다. 한 대 호되게 얻어맞은 기분이었다.

애 엄마는 애를 잘 가르쳤다며 나에게 화풀이하니… 그렇다고 내가 가르치고 '네 이놈!' 하고 애를 때릴 수도 없지 않은가. 애는 어른들의 행위를 보고 깨닫고 배우고 하니, 옛날 말씀에 애들 앞에서 찬물도 맘대로 못 마신다란 말을 알게 되었다. 해서 절대로 애 앞에서는 언성도 높이지 말고, 싸울 일이 있으면 밖으로 나가서 싸우자고 애를 통해 절실히 깨닫게 된 것이다.

민주화를 위해서

전두환 군사 독재정치를 미래를 위해서는 방관자로 남을 수 없어서 집회가 있을 때마다 꼭 참가하여 함께 최루탄 연기로 눈물을 흘리며 쫓겨 다녀야만 했다. 잡히면 죽게 얻어터지니 줄행랑을 쳐서 숨어야만 했다. 많이 참가하다 보니 도가 터서 군중들에게 전투경찰이 와서 최루탄 쏘면 피신할 곳을 설명해 줘야만 했고, 도망가면서 어디서 집결한다고 안내해야만 했다.

신세계 앞 광장에서 집회하기로 하면 구호를 외치다가 최루탄이 날라오고 전투경찰들이 쏟아지면 남대문 시장으로 스며들어 가게로 들어서면 가게의 점원과 사장은 기꺼이 다 숨겨 주었다. 뒤쫓아온 전투경찰은 분명히 골목길로 들어간 것을 목격하고 쫓아 왔는데 오리무중이니 닭 쫓던 개가 되어 돌아서기 십상이다.

한번은 군중들이 모여서 배치되어 있던 전투경찰들을 신세계 앞 광장으로 몰아붙였다. 전투가 벌어졌는데, 거센 성난 군중들로 진압경찰들의 1차, 2차 저지선까지 무너지고 갈팡질팡했다. 그때 지원 병력이 쏟아져서 쫓기게 되었는데 우리는 조선일보사 앞까지 똥줄 빠지게 도망쳐야만 했다. 게릴라식 집회를 종로에서 시청 앞에서 여기저기서 타도 전두환을 외치다가 전투경찰이 쫓아오면 여기서도 먹자골목으로, 동대문 시장의 원단가게나 옷가게로 숨어들면서 싸웠다. 그러면 쫓아오던 경찰이 찾지 못하고 돌아서 갔다. 가게 주인이나 점원들은 애쓴다고 기꺼이 음료수를 내밀었다.

 보다 못한 마누라는 결국에는 장사는 하지 않고 데모만 하고 다닌다고 시아버지 시어머니에게 고자질했다. 그 즉시 아버지께서 한복을 차려입고 즉시로 서울까지 올라오셔서 한바탕 꾸중을 들어야 했다.

죽으란 법은 없다

그동안 외화벌이해서 번 밑천도 이제는 바닥이 나서 이러지도 저러지도 못하고 경제적인 어려움에 시달리고 있었다.

열대의 사막에서 피땀 흘리며 외화벌이를 하다가 드디어 그리운 부모 형제가 있는 고향의 품으로 돌아가는 여객기가 폭발로 객사해야만 했던, 김현희의 칼 여객기 폭파 사건이 터져 큰 충격을 주었다. 그런데 김현희가 입고 있던 상의 옷이 바로 우리 가게에서 팔던 원단이었다.

이것도 직물공장 사장이 겨울 품목으로 개발하여 대량으로 팔기 위해서 동대문 원단 가게를 다 돌며 계약하려고 했지만, 그 많은 원단 장사의 사장들이 팔 수 없는 원단이라며 고개를 흔들며 다들 거절했다. 이 사장은 많이 팔 욕심에 원사도 많이 준비했는데, 낙담하여 마지막으로 우리 가게에 왔다. 그냥 팔아만 달라고 통사정하여 볼품없는 원단을 진열하여 팔게 되었던 원단인데, 뜻밖에 김현희가 입고 나온 것이 계기가 되어, 이게 불티나게 팔리기 시작했다.

남대문 옷가게마다 서로 달라고 시도 때도 없이 주문했다. 결국 주문에 시달리다가 아예 피해 다녀야만 했다. 동대문 시장에서 대대로 장사를 가업으로 해왔던 숱한 사장들도 안 된다고 고개를 흔들었던 원단이었는데… 나 역시도 밑천이 다 떨어져 재승선을 심각하게 고려하던 중이었는데, 이것이 대박 날 줄이야.

대한민국의 전 국민을 분노 속에 몰아넣었던 김현희 덕분에 대박이 난 우리는 가게를 사고 집까지 사게 되었으니… 이런 아이러니가 어디 있단 말인가. 이제는 순풍에 돛 달듯 여유가 생겼으니 희망이 보였다.

인간의 삶

 창고 정리를 하고 가게에 들어오니, 아내가 낯선 어린 애를 데리고 사색이 되어있다. 동물적인 직감으로 아내가 동거하다가 낳은 아들이란 걸 알 수 있었다. 내가 가게에 오자마자 애를 데리고 총알같이 밖으로 급히 나간다. 밖으로 나간 후, 전화 연락이 와서 받으니, 장사 시간이 끝나면 가게 문 닫고 퇴근하라고 했다.

 많은 혼란함 끝에 장사를 마치고 집에 가서 보니, 그 애는 없고 처는 누워 있고, 우리 애만 혼자 놀고 있다. 도대체 어찌 된 영문인지 물어보니, 마지못해 대답했다. 내가 창고 갔을 때, 시누이가 애를 데리고 와서 '애는 네가 난 새끼니 네가 기르라' 하며 애를 두고 가버렸다는 것이다.

 애는 홀트 아동에 보내서 외국으로 입양을 보내기로 했다는 황당한 이야기를 한다. 자기가 낳은 아들이니 같이 기르면 되는데 왜 보냈느냐며 따지니 그쪽 집안사람들 꼴도 보기 싫어서 보냈다는 것이다. 자기가 그 집 시어머니 시누이에게 쫓겨난 후, 그 남자는 갈등에 매일 술로 살다가 밤에 술 마시고 오토바이 타고 귀가하다가 사고로 죽어서 시누이가 가게로 데리고 왔다는 것이다.

아니 그러면 그쪽 집안은 돈(공양할 자금을 마련하기 위해서) 앞에서 하나밖에 없는, 귀한 뿌리인 유일한 자식인데도 마치 헌신짝 버리듯이 애를 버릴 수 있다니…

거짓말 같은 끔찍한 일이 벌어졌으니… 그것도 불교를 믿는 집안의 여인네들이… 참으로 기가 막힐 일이었다. 한쪽은 천주교 신자 집안이고 또 한쪽은 불교 신자의 집안인데… 개, 돼지도 제 새끼를 필사적으로 보호를 하는데, 인간이란 탈을 쓰고 눈 하나 깜짝하지 않고 어찌 이럴 수 있단 말인가.

차라리 술이라도 마실 줄 알았으면 그 애 아빠처럼 술을 잔뜩 마시고 취해서 이 세상을 다 잊어버리고 싶었다.

인간들이, 그것도 믿는다는 종교인들이…

내 머리로서는 정말 이해 불가였다. 이 끔찍한 일을 꼼짝없이 온전히 겪어야만 하는 쓰라린 가슴은 미어터진다.

그렇다고 이 부끄러운 일을 그 누구에게 하소연한단 말인가. 이 일을 혼자서 다 속으로 속으로 삭여야만 하니…

도봉산에 올라가 인수봉을 끌어안고 통곡할 뿐이다.
 이런 일이 있는데도 다음 날 마치 아무 일도 없다는 듯이 천연스럽게 미소를 지으며 장사하는 모습에 내가 스스로 소름에 닭살이 돋는다. 이게 진정한 장사꾼의 모습일까.
 아내처럼 못하니, 아내의 말대로 나는 근본적으로 장사꾼이 되기는 틀렸다.

일본에서는 한국 자동차가 보이지 않는다

　아시아는 말 할 것도 없고, 아프리카의 검은 대륙에 가봐도 어느 곳에서도 쉽게 한국의 자동차를 볼 수 있으며, 공산당의 본고장인 소련에 가 봐도 한국의 자동차가 여기저기 굴러다니는데, 가까운 이웃인 일본에서는 유감스럽게도 한국 자동차를 볼 수 없다(그렇다고 일본 정부에서 국산차를 애용하자고 선전하지도 않음. 이것은 우리가 심각하게 생각해야 하고, 독도도 자기들의 땅이라고 주장함).

　그런데 한국에서는 일본 자동차가 넘쳐나니…

　옛날 어른들이 하신 말씀에 "미국 사람 믿지 말고, 소련 사람들에게 속지 말고, 일본은 다시 일어서니, 한국사람 정신차리라"란 말이 있었다. 지금 생각해봐도 이 말이 옳은 말이다.

　미국은 지금 현금을 내놓으라며 겁박하니…

4부

한국의 저력

잘못 낀 첫 단추

그래도 마누라의 탁월한 장사 능력 덕분에 그래도 가게는 잘 되어갔다. 부모는 속도 모르고 애 엄마 말이라면 다 믿고 나보고 애 엄마 말대로 따르라고 하신다. 행여 또 배 타는 것이 제일 두려운 시골 노인네(배 타면 죽는다는 인식)의 마음이다.

길거리를 다니다가 우리 가게에서 판매한 원단의 옷을 입고 다니는 여자를 보면 흐뭇하고 그나마 무거운 발걸음도 조금 가벼워졌다.

애를 낳아 길러봐야 부모의 맘을 안다고 하지 않았는가.

말로야 못 할 말이 없겠지만 길러봐야 그 심정을 안다고 했다. 해서 부모는 애가 밖에 나가서 무슨 일을 저질렀는지 몰라서 항상 죄인의 몸으로 자세를 낮추고 산다고 하지 않았는가.

하루는 애 엄마가 장인어른이 위독하다고 뜬금없는 말을 했다. 아니 건강하셨던 분이 왜 갑자기 위독하시느냐고 물으니, 위장암으로 대전성모병원에서 입원한 지 6개월 되었으며, 아침에 위독하다는 연락을 받았다는 것이다. 그럼 6개월 동안 아무 말도 안 했단 말인가. 6개월 동안 병실에 누워서 그래도 사위를 기다렸을 것 아닌가. 참 기가 찰 노릇이다.

위독하다니 지금 왈가왈부하며 따질 때가 아니다. 서둘러서 대전성모병원으로 달려갔다. 두 처남은 도착하여 아버지를 붙들고 눈물을 흘리고, 뼈만 남은 장인은 나타난 나를 보자 병상에서도 반가워하시며 두 손을 꼭 잡아드리고 쏟아지는 눈물을 참고 눈높이에 맞추어 앉자 희미한 목소리로 "성조, 미안하지만 내 딸 잘 부탁한다"고 겨우 입을 떼신다. 장인은 끝내 일반병실(병원 측에서 중환자실로 옮겨야 한다고 했지만, 처남들이 아버지가 일어나신다고 거절함)에서 임종을 맞이한다. 그 굳건한 믿음으로 평생을 사신 분이 두 눈을 부릅뜨고 뼈만 남아 가시다니 도무지 믿기지 않았다. 한 많은 부릅뜬 눈을 못난 사위가 눈물로 쓸어 감겨 드려야만 했으니⋯

하나 있는 사위란 자가 6개월 동안 병문안도 못 한 자괴감에 통곡해도 모자라지만, 아직도 어린 처남에 환자인 장모가

인지라 내가 앞장서서 장례 준비를 해야만 했다. 처가도 시골인지라 집으로 모셔서 장례를 치러야만 했다. 나는 죄책감에 뜬눈으로 장례가 끝날 때까지 밤을 꼬박 새웠다. 성당 분들이 많이 오셔서 장인의 성당 이름을 부르시며 사위는 잘 얻었으니 편히 눈 감으시라고 마지막 인사를 하신다.

 장례식 끝나고 집에 가족들이 다 모여 휴식하는데, 처남들이 매형, 아버지가 돌아가시니, 할아버지가 정신이 이상해졌다고 한다. 왜 그러냐고 물으니, 할아버지가 그 나이(80세)에 논 몇 마지기 있는 것마저 다 주고 또 재혼하려고 하시니, 제정신이 아니라고 한다. 나는 그 말에 할아버지가 말씀하시기 전에 너희들이 권했어야 하지 않느냐고 반문했다. 할아버지도 믿음이 강한 집에서 태어났고 또 열심히 살았지만 기구한 운명에 마지못해 생을 살고 있으며, 더 중요한 것은 혼자 생활하신다는 것이라고 했다. 아들(장인)이 아파서 아들 집에 와서 보면, 자기 아버지 병문안도 하지 않는 손주들을 보고 자신의 임종이 걱정되며 자신의 병간호와 임종을 맡아줄 사람이 절실히 필요해서 후처를 얻으려고 한 것이지, 결코 그 나이에 섹스하려고 재혼하려 한 것은 아니다. 오히려 할아버지가 그런 말씀을 하기 전에 너희들이 앞장서서 맘씨 좋은 할머니를 찾아 맺어 줘야 했다며 강조해서 말하니, 처가 식구들은 나까지 이상한 사람으로 취급한다.

이들과 더 이상 대화가 불통하니, 천불이 나서 "네 누나는 너희들도 알다시피 나에게 시집온 여자고, 또 너희 아버지가 끝까지 너희 누나를 잘 부탁한다고 하시며 임종하셨고, 나도 약속했으니, 너희 누나와 살겠다. 이제는 너희와는 끝이다!"라며 박차고 일어나 서울로 올라와 버렸다.

너무나 허무하게 보내 버린 장인!

6개월 동안 병문안 한 번도 못 했으니, 이게 사람 사는 세상인지 자괴감에 빠져 마치 푸른 바다의 검푸른 파도밭에 빠져 헤매는 듯한 기분이다.

그래도 무심히 가는 세월 속에 장사에 매여 움직이는데, 애엄마의 태도가 한술 더 떠서 이제는 나 몰래 친정집에 전화를 장시간 통화를 한다. 그놈의 속을 알 수 없으니…

옛날 어른 말씀에 깊은 물길은 알아도 한 뼘도 안 되는 사람 속은 모른다고 하지 않았던가?

이제는 나에게는 아예 말수도 적어졌고, 친정집에 몰래 통화하는 빈도가 높아질 뿐이다. 노골적으로 몇 년이 지나도 아직도 장사할 줄도 모른다고 구박하고, 좁은 원단가게에서 장사하다 보면 손길이 스치는 일이 많은데 그럴 때마다 무슨 송충이가 피부에 붙은 것처럼 소름 끼쳐 했다. 언제는 그냥 가게에 나와서 앉아만 있어 달라고 하더니… 이제는 제일 허물도 없는 마누라에게도 사람대접도 받지 못하니… 그놈의 장사가 뭔지…

그런데 아무리 장사를 잘하는 장사꾼이기 이전에 한 인간이 먼저 아닌가.

어느 날 문득 거울을 들여다보니 온 얼굴에 기미가 잔뜩 끼어있으며 살도 많이 빠져 몰골이 가관이다. 하루는 겨울 원단을 준비해야 하니, 시집에 가서 돈 좀 가져오라고 했다. 내가 거절하니, 장사할 줄 몰라서 그런 말을 한다고 핀잔했다.

쉽게 말해서 100만 원 투자하면 200만 원을 버는데, 왜 안 가져오냐며 들들 볶았다. 사실 나는 학교 졸업하고 부모님에게 지금까지 돈 달라고 한 일도 없고, 비록 형제들은 부모가 준 재산으로 편히 먹고살지만, 나를 이만큼 키워주시고 가르쳐 준 것만으로도 감사했다. 학교 졸업 후 지금까지 나 혼자 나가서 피땀 흘리며 그 고생 다 하며 지금까지 살아왔다. 처와 부모님께서는 내가 배 타는 일을 그만 두게 하기 위해서 장사하라 하셨다. 덧붙여 아버지께서는 "네가 그동안 고생해서 번 돈은 장사하다가 다 까먹으면 고향에 내려와라. 와서 내가 주는 땅만 가지고도 먹고사는 데는 아무 지장이 없다"고도 했다.

참 난감한 일이었다.

마누라는 나더러 장사도 모른다며 날 바보 취급하며 들들 볶아서 부모님께 돈 좀 달라고 큰맘 먹고 시골에 내려와서 보니, 어두워지는데도 집에 아무도 없었다. 가을 일이 늦어져서 늦은 줄 알고 있었는데, 노부부가 무거운 알밤을 지게에 힘들게 지고 오셨다. 밤나무 산에 가셔서 늦게까지 알밤을 줍고 오신 것이다.

집에 도착하자마자, 장사 안 하고 갑자기 왜 왔느냐고 물으셨다. 차마 고생하는 부모님을 보고 돈 달라는 말은 못 하고 너무 답답하여 바람 좀 쐬려고 내려왔다고 했다. 저녁을 서둘러 드신 두 분은 피곤에 지쳐 그대로 떨어져 눕고, 주무시며 끙끙 앓았다.

노부부의 노동이 얼마나 힘들면 주무시며 끙끙 앓으실까. 손을 만져보니 손가락은 마치 갈퀴처럼, 소나무 등걸처럼 패어 굳어 있었다. 이렇게 힘드시게 사는데 자식이란 인간의 탈을 쓰고 장사하는 데 돈 좀 보태 달라고는 차마 입에서 떨어지지 않았다.

마누라 말대로라면 8년 넘게 장사했어도 장사를 모르는 사람일 뿐이었다. 마누라의 변한 모습에 지치고, 돈이 필요하다고 하니, 나로서는 서로 좀 떨어져서 한번 뒤돌아보고 또 돈이 그렇게 필요하면 내가 다시 나가서 배를 타서 벌어오겠다니, 가게는 점원을 데리고 하면 되니, 내 맘대로 하라 한다. 나는 심사숙고해서 이야기하는데, "네 맘대로 하라"니… 처 말대로 돈도 궁하고, 갈등을 조금이나마 해소하기 위해서 좀 떨어져 있으려고 말을 꺼냈는데 아닌 말로 말했다가 본전도 못 찾고…

같이 있어 봐야 싸울 일만 있는지라, 재승선을 하기 위해서 부산의 전에 승선했던 회사에 찾아갔다. 모두 깜짝 놀라서 따뜻이 맞이해 주고 재승선하고 싶어서 찾아왔다고 하니, 대환영이었다. 트러블 메이커와 쪽발이 킬러 되시는 분을 대환영하니, 우선 필요한 교육부터 받으라고 한다. 무려 8년 동안 승선을 안 했으니, 승선 요건들이 유효기간이 거의 다 넘었으니 어쩔 수 없이 교육받아야 한다.

재수 없는 사람은 뒤로 넘어져도 코가 깨진다고 IMF로 대한민국이 난리가 났다. 그동안 전업했던 선원들이 거의 다 나처럼 교육받으려고 해양 연수원에 다 몰려오니, 이 무서운 IMF 속에 연수원은 대박을 터트린 것이고, 뉴스 시간마다 달러가 하늘 높은 줄 모르게 뛰어올랐다. 우리가 그 소중한 외화벌이할 때는 똥값이더니. 차라리 전업하지 않고 계속 승선했으면 봉급이 얼마가 되었을 텐데… 후회가 막심하다. 그런데 나만 그런 것이 아니고, 해양연수원에서 교육받고 있는 선원들 심정은 똑같았다.

그래도 나는 교육받고 취업할 곳이 있으니 다행이다.

나도 나름대로 뛰고 나는 선원이라 할지라도 나를 받아 줄 배는 나이가 많다 보니 나보다 젊은 선장이 환영해 줄 배는 그 어느 곳도 없지만, 회사에서 강력히 추천하니 울며겨자먹기식으로 어쩔 수 없이 받아들이는 것이다. 너도나도 교육받으며 나름대로 열심히 해운회사에 발이 불어 터지도록 돌아다녀 봐도, 회사마다 선원들이 취업하려고 내밀어 놓은 이력서가 한 움큼씩 된다고 하소연만 듣고 나온다.

나는 재승선하는 데 필요한 교육을 무려 3개월 동안(필요한 교육이 바로바로 연결되어 있지 않으니) 받고 교육이 끝나 승선할 수 있었다. 나는 그래도 좋은 편이다. 교육받고도 갑작스런 IMF로 밀려온 선원들이 전업했다가 돈이 궁한 선원들 혹은 비싼 달러 값에 너나 나나 승선하려고 몰려드니 승선할 배가 없었다. 그야말로 하늘의 별 따기가 되는 요지경 속이다.

회사의 사장님이 직접 일본 선주에게 강력히 추천하여(전에 일본 회사의 냉동 배에 승선하며 선주가 직접 공로 특별보너스까지 받은 선원이라며 선전하여) 늦은 나이에 어렵게 냉동 배에 재승선하게 되었다. 8년 만에 승선하다 보니 좀 어색했지만 넓은 바다를 훨훨 날아갈 듯한 기분이다.

드디어 알래스카를 향해서 출항!

그 미국을 왕래하려면 대양항로의 정점으로 그 유명한 이정표의 유니마크를 지나 알래스카로 접근하니 하얀 세상이다. 바다는 거친 파도에 하얗고, 산은 눈과 얼음으로 하얗다. 이렇게 추운 곳에 고기가 많다니. 우리만 고기를 실으려고 온 것이 아니라 배가 여기저기 많으며, 거센 바람과 파도에 닻이 끌리거나 과다한 장력을 못 이겨 닻이 끊겨 배가 떼밀려 얹혀 있는 배들도 보였다. 이러니 긴장이 되고, 하역은 전용 부두도 없으니, 전지작업(바다에서 본선에 어선들이 찾아와서 배를 붙여서, 선원들이 하역작업)을 하여 싣는다. 하역작업은 힘들지만 하역작업수당이 있어 그 돈이 제법 되니, 전 선원들은 기꺼이 작업한다. 어선들의 선원들은 그 춥고 거친 바람과 파도 속에서 고기를 잡는다는 것은 정말 경이스러울 뿐이다.

2차대전 때 쓰던 군 수송선(2차대전이 끝난 지 언제인데 아직도 사용하고 있어서 궁금증에 가서 보니 쇠 자체도 우리가 사용하는 쇠와 다르고 두께도 듬직했다)을 개조하여 생선가공

공장으로 사용하고 있으며, 근무하는 사람들도 많았다. 그 공장에는 PX도 운영(해상에서만 있으므로 헬기를 이용하여 보충함)하여 근무자들이 불편이 없도록 하고 있었다. 심지어 가공선이 한두 척이 아니라 여기저기 많이 있는데, 그중에 딸린 어선들이 가공할 고기를 못 잡으면 가공할 고기가 없으니 자연히 근무자들은 놀게 되고, 그렇다 보면 돈 벌려고 알래스카까지 와서 돈도 못 벌고 땡 치면 스트라이크까지 한다니… 가공선에는 좋은 조건으로 근무하자고 제의까지 왔지만, 나로서는 처자가 있으니 그렇게까지는 할 수 없었다.

산에는 울창한 숲에 곰과 야생마가 보였다. 바다는 물 반 고기 반이란 말이 있듯이 낚시를 넣었다 하면 상상을 초월하는 큼직한 고기들이 물려 나왔다. 너무 커서 낚싯줄이 끊어져서 놓치는 일이 많으니, 굵은 줄로 준비해야만 했다. 항상 놓친 고기는 낚는 순간 가슴 뛰게 하고 큰 고기를 놓쳤다는 미련에 밤잠을 설치기 마련이다.

이런 곳을 러시아는 미국에 헐값에 팔았다고 하지 않는가.

여기서 잡은 고기(주로 고등어, 도다리, 광어, 게, 연어 등)가 아시아와 미국 서부지역으로 다 팔려나가니, 이곳을 먹여 살린다고 해도 과언이 아니다. 하루는 날씨도 너무 좋아, 보트를 내려 경치 좋고 숲 우거진 곳을 찾아 야유회를 하기로 했다. 알래스카의 땅을 모처럼 밟는 김에 초장도 준비해 왔다.

큼직한 도다리, 광어, 연어가 그야말로 낚시를 넣기가 무섭게 올라오니, 주방장은 신바람 나서 즉석 사시미를 준비하고 소주 한잔으로 선원들 입을 즐겁게 한다. 한 잔의 소주잔에 언제나 그리운 고향을 담아 마신다. 북극 지방이 그러하듯 짧은 하루이지만 서둘러서 귀선하여 무사히 마쳤다.

새벽이 되니 배가 몹시 아프기 시작한다.

아마 배가 아프니 잠에서 깬 것 같았다. 그런데 나만 아픈 것이 아니라 선원들이 너도나도 배가 아픈 고통에 오만상을 쓰고 배를 붙들고 기어다닐 정도였다. 너도나도 "약! 약!" 한다. 약도 무한대로 있는 것도 아니니 쉽게 거덜 나고 큰일이다.

도대체 왜 이 난리가 나는 것인지.

다쳐서 배가 아픈 것이 아니니, 뭘 잘 못 먹어서 탈이 난 것이 분명하다. 어제 야유회 가서 고기 잡자마자 회 떠서 싱싱한 고기만 먹었는데도 탈이 난단 말인가?

긴급으로 회사에 물어볼 수도 있지만(회사에 문의하면 위험한 알래스카에서 배 지키지 않고 놀러다닌다고 문책받을 수 있으니), 육상에 있는 동료들에게 수소문해서 문의한 결과, 알래스카 쪽의 고기는 급랭해서 먹여야 한단다. 그렇지 않으면 우리처럼 배탈이 심하게 나서 고생들 한다고 한다.

   그런 줄도 모르고 잡자마자 그 싱싱하고 기름진 사시미로 잔뜩 배를 채웠으니 고통이 오죽하랴.

한국의 저력

뉴질랜드의 오지의 섬으로 고기를 실으러 가라 한다.

고기는 그 유명한 '동원참치'의 원료가 되는 참치라고 한다. 참치라고 표현하지만 옐로우 핀 튜나라고도 한다. 그런데 뉴질랜드의 대리점으로부터 하역은 솔로만 군도에서 바다에서 어선이 와서 선원들이 고기를 받아 실어야 하고 특히 해적들이 빈번하니 해적 당직을 철저히 하라는 지시의 전문이 날라왔다. 늦은 나이에 힘들게 승선하게 되었으니, 불미스러운 일이 있어서는 아니 되는지라 나름대로 준비를 철저히 하였다.

뉴질랜드의 작은 섬들이 있는 곳에 닻을 놓고 대리점이 오기를 기다리고(생선 실을 허가서, 수속 등) 있는데, 날씨가 어두워지기 시작할 때, 수평선 넘어서 작은 보트가 우리 배를 향해서 빠르게 접근하고 있었다. 쌍안경으로 보니(대리점에서 오면 통상적으로 통선을 이용함) 사람 둘이 탄 남루한 작은 모터보트가 본선으로 접근 중이다. 해적선이었다.

가만히 지켜보니, 오다가 엔진을 끄고 노를 저어 본선으로 접근했다. 본선에 가까워지면 엔진 소리가 요란하게 나서 쉽게 발각되니, 이놈들은 한술 더 떠서 엔진까지 끄고 노를 저어 접근하는 모습을 보면 많이 해 본 놈들이 분명하다.

우리는 즉시, 해적이 접근하니 전 선원 스탠바이하여 연속 단달의 기적소리를 신호로, 소방호스를 이용하여 물대포를 발사하고 징을 치고, 로켓 발사기와 각종 신호탄과 각자 퇴치할 무기들을 들고 갑판으로 뛰어나갔다. 이 해적들은 기겁하더니, 한 놈은 많이 해 본 놈처럼 능숙하게 살겠다고 물속으로 총알처럼 뛰어들고, 한 놈은 보트에 서서 뭐라며 고래고래 고함을 질러대며, 큰 하얀 종이를 높이 들어 보였다. 어디서 항복할 때 백기를, 하얀 천을 높이 든다는 것을 보고서 이놈들은 하얀 종이를 흔들며 대리점이라고 위장하고 있었다. 대리점이 이런 보트를 타고 올 일도 없고 또 거지 같은 옷을 입고 올 일도 없다.

이런 놈들은 잡아서 혼내줘야 하지 않을까.

이들이 도둑인지, 에이전트인지 확인이 필요하니 이들이 배에 올라오도록 사다리를 내려 주고 한 명씩 올라오라고 했다. 우리는 혹시 총을 소지했는지 바짝 긴장했다. 순서대로 검색부터 실시한 결과 다행히 무기류는 소지한 것이 없고, 대리점이 맞으며 한 사람은 생선을 실을 수 있는 적합한 배인지 허가를 발행해 주는 높으신 어른이다. 이 자가 실을 수 없다고 하면 고기를 싣지도 못하고 떠나야 했다. 이 자가 하필이면 물속에 뛰어 들어간 자다. 아차, 큰일이 났구나 하고 즉시 이들을 접대실로 안내하여 놀란 가슴을 우선 쓸어내리도록 음료수를 먼저 가져다드렸다.

  접대하며 이야기를 해 보니, 이곳은 아무것도 없으니, 우리처럼 통선이란 것이 별도로 없으니, 원주민이 이용하는 작은 보트를 타고 다닌다고 했다. 접근하는 중에 갑자기 엔진을 중지한 것은 엔진이 꺼져 부득이 노를 저어 접근했다고 했다. 하얀 종이를 흔든 것은 본선에서 이곳에 처음 와서 요청한 해도라며, 이 배는 검사할 것도 없이 생선을 실을 수 없으니 돌아가란다.

  이게 될 말인가.

  눈앞이 깜깜했다. 큰일이 벌어진 것이다. 우리도 너희가 보내준 전문에 해적 당직을 강조해서 말하고, 너희들의 주문에 따라서 준비한 것이고 또 해적들로 오인할 수 있는 보트를 타고 온 것을 본선에 접근하다가 소리도 안 나게 몰래 올라오려고 엔진을 끈 것을 강조했다. 그래서 해적으로 오인했으며 또 옷차림(이들은 열대지방에서 바다를 끼고 살기 때문에 일 년 열두 달 빤스와 슬리퍼만 있으면 된다. 우리처럼 계절 따라 입을 일이 없음)도 영락없는 해적처럼 입고 있으니 오인했다며 구구절절이 싹싹 빌며 해명을 열심히 했다.

그때 이 싸롱 보이가 저녁 식사 준비되었다고 밥 먹을 것을 눈치도 없이 재촉했다. 그런데 이 말을 들은 수산국의 검사관이 한국말로 "라면 줘요." 하지 않는가. 깜짝 놀라서 재차 물으니 한술 더 떠서 '삼양 라면'을 달란다. 이제는 우리가 놀라서 어떻게 한국말을 하며 라면까지 아느냐고 물어보니, 부산에 있는 해양연수원에서 오랫동안 교육을 받았단다. 그때 라면을 먹으며 한국어를 열심히 공부했으며 또 이곳 솔로만 군도에 한국 어선들이 많이 와 있다고 하며, 끓여온 라면을 맛있게 먹으며, 자기가 한국 해양연수원에서 공부한 수업료를 대신해서 생선 싣는 것을 허락해 준다니…

다행이다. 배 타다 보니 이런 일도 있었다. 대한민국의 국력이 이만큼 성장하여 이들이 부산까지 와서 해양 교육을 받은 덕에 지옥 입구까지 갔다가 살아온 격이었다. 이유야 어찌 됐든 생선을 싣지도 못하고 쫓겨났으면 그 어떤 선주가 부처같이 가만히 있겠는가. 목이 열두 개라도 모자랄 판이다.

수속을 마치니 어선들이 참치들을 싣고 본선에 붙여서 작업했다.

바다에 하역설비도 있는 것도 아니고 또 작업인부도 없으니, 부득이 어선에는 어선 선원이 퍼 담고, 본선에서는 본선의 크레인(하역설비)으로 끌어올려 본선 창에 퍼부으면 된다. 냄새가 진동하는 튜나가 창 입구에 쌓여 선원들이 창에 들어가서 참치를 끌어다가(무거워서 들지도 못함) 구석구석 몰아넣어야 했다. 땀으로 범벅된 몸으로 미끄러운 참치 때문에 끌고 가다가 참치를 붙들고 뒹굴어 가며 싣다 보니 그 느끼한 참치의 액체로 온몸에 떡칠하며 적재해야 한다. 한참 작업하다가 보면, 땀과 참치 액체가 뒤범벅되어 내가 참치인지 저 고기가 나인지 구별이 안 됐다.

붙어있던 어선 것을 다 실으면 또다시 다른 어선이 붙어서 계속 만선이 될 때까지 계속 같은 작업의 반복이다. 물론 노고의 대가인 전지수당을 주지만 이런 상노동은 하고 싶지 않다. 하지만 승선한 이상 좋든 싫든 해야만 한다. 작업하다 보니 어, 저 어선에서 작업하는 선원은 옛날에 그 지독한 독일 배에서 같이 근무했던 통신사가 아닌가.

반가움에 "김 형!" 하고 부르니 깜짝 놀라 바라다보자마자 기쁜 나머지 "트러블 메이커!"라고 소리친다. 이분도 이곳에 이렇게 만날 줄은 꿈에도 몰랐을 것이다. 이곳에서 재회하다니, 감개무량하며 그동안 어떻게 지냈는지 서로 궁금하다.

해서 이곳의 상황을 알게 되었다.

이 통신사는 상선에서는 인원 감축으로 통신사를 없애서 부득이 일자리 찾아 어선으로 와서 승선했으며, 이곳에서 지금까지 3년째 근무 중이란다. 필요한 물품은 다 한국에서 어선들 수리 관계 혹은 계약 만료로 교대하는 배들이 잔뜩 싣고 와서 받아서 생활하며, 이 어선에는 헬기까지 있단다. 이 고기들은 부산의 감천동, 마산, 필리핀의 다바오, 방콕 등으로 간다고 한다.

참치 떼를 찾기 위해서 헬기를 타고 확인하고, 육상에 나가면 심지어 그 유명한 부산의 사창가 만월동의 아가씨까지 돈을 찾아서 여기까지 많이 와서 영업한다니… 바로 이런 곳이 고기가 넘쳐나고 돈도 넘쳐나니 그 돈 냄새는 귀신처럼 맡고 온 것이다. 세상은 요지경~

고기 잡는다고 바다에 떠 있다가 부득이 식수나 연료인 기름을 받아 싣기 위해서 육지에 올 때 그 짧은 시간에 역사를 한단다. 선장 방도 구경까지 시켜주는데 완전 호텔 방이니, 상선의 선장보다 위세가 좋고 여기다가 헬리콥터까지 있으니, 상선의 선장이 부럽지 않다. 선원들의 방은 완전히 닭장인데도 말이다. 이 통신장은 횟감을 잔뜩 실어주었다. 덕분에 우리 선원들은 맛있게 잘 먹었다. 이 선원과 독일 배에서 헤어진 지 엊그제 같은데, 벌써 10년이 넘었다.

이 선원은 외화벌이하겠다고 독일 배에 통신사로 유럽에서 승선했다. 그리고 아프리카의 아이보리코스트의 아비장항구에서는 밤에 혼자서 여자 찾아서 나가다가 정문도 나가보지도 못하고, 부두 내에서 도둑들에게 쫓겨서 도망하다가 재수도 없이 미끄러져 넘어져 깜둥이에게 죽게 얻어터지고 돈도 다 뺏기고 기어들어 와서 중환자가 됐다. 다음 날 병원에서 확인한 결과 뼈가 부러져서 팔에 깁스하고 귀선을 했으니…

그런데 이 선원이 식탐이 얼마나 강한지 마치 나의 체제처럼 고기가 메뉴로 나오면 고기를 많이 먹을 욕심에 두 눈을 불을 켜고 씹지도 않았다. 그냥 닥치는 대로 무슨 돼지처럼 꿀컥 꿀컥 삼켜 먹은 후에, "아이구, 배야!" 하며 소화제를 달라고 하니 참으로 골 때리는 인물이었다. 어린애도 아니고 어른이 이러니 큰일이고, 집에서는 자식들 앞에서 어떻게 먹는지 매우 궁금했지만 차마 거기까지는 물어볼 수 없었다.

여기는 남자가 그런데, 시집가지 않는 처녀인 처제도 그러니 큰 문제이다.

모르긴 몰라도 우리 처제가 이 통신사(통신사가 나이가 많으니)에게 그 못된 것을 보고 배운 것 같다. 그런데 이 통신사 아저씨가 깁스하고 온 후로 통 씻지를 않으니 사람에게서 이런 독한 냄새가 나는 걸 그때 처음 알았다. 냄새난다고 핀잔을 줘도 깁스해서 씻을 수 없다며 핑계를 댔다. 뭔 사람이 이런 사람도 있는가 싶었는데, 독일 선장도 더 이상 보기 싫은지 서둘러서 귀국 조치를 한다. 그런데도 목욕도 않고 귀국하겠다고 괴나리봇짐(여행용 가방)을 꾸렸다.

정말 대단하다.

공항마다(아프리카에서 유럽으로, 유럽에서 다시 한국으로 가야 됨) 냄새를 풍겨 국제 망신 다 시킬 것이며 비행기 기내는 어떻게 할 것인가를 생각하니 눈앞이 깜깜하다. 귀국 전날, 별수가 없어서 내가 냄새에 절어버린 그 통신사의 때를, 팔자에도 없을 목욕탕에 때밀이가 되어 깨끗이 씻겨서 귀국을 보냈었다. 바로 그 통신사를 바로 이곳에서 만났던 것이다. 결과론적으로 그 식탐꾼 덕분에 선원들은 술과 맛있는 사시미로 배를 채울 수 있었다. 아, 그때 그 맛있다는 상어 지느러미도 맛을 볼 수 있었다.

이러니 사람 사는데, 다시는 안 볼 것처럼 막살아서는 안 된다.

그 누가 이런 곳에서 재회할 것이라 상상조차 했겠는가.

만나면 이별이듯, 어느덧 만선이 되어 방콕을 향해서 출항!

필리핀의 그 많은 섬을 통과하며 황혼에 물든 수평선 속에 그리운 고향과 가족을 기리며 소주 한 잔으로 달래어 본다.

방콕의 부두마다 쌀 수출국답게 쌀 싣고 있는 배마다 분주하다.

그런데 우리가 접안 할 곳에 가까워질수록 사람들이 유독 꽉 차 있으며, 더 가까워지니 뭔 여자들이 꽃다발을 하나씩 들고 있었다. 가는 날이 장날이라고 무슨 큰 행사가 이곳에 서 있나 싶었다.

가까워질수록 아가씨들이 더 많이 모여드니 도대체 무슨 행사가 이런 것이 있는지 무척 궁금하다… 부두에 접안하니, 아가씨들이 꽃을 들고 구름떼처럼 모여들어서 서로 먼저 본선에 오르려 밀고 당기고 육탄전이 처절히 벌어진다.

아직 수속 검역, 대리점도 오지 않는데 아가씨들이 벌 떼처럼 달려드니 위험한 곳에서 사고 나기 딱인지라 아무도 못 올라오게 갱웨이(배 오르내리는 설비)를 올려 버리니, 이 아가씨들 악을 쓰며 밖에 나오기만 하면 가만히 안 둔다고 아우성들이다. 어찌 되었든 하역을 하려면 대리점도 수속관도 올라와야 하니, 갱웨이를 준비해야만 한다. 통상 어느 곳이든 수속이 끝나야 외부 사람들이 배에 올라올 수 있는데,

대리점이나, 수속관들도 대수롭지 않게, 흔한 일이란 듯이 여긴다.

대리점에게 무슨 일이냐고 물어보니, 방콕 시내에 돈 많은 선원들이 온다고 소문이 쫙 나서 몸 파는 예쁜 아가씨들이 다 이곳으로 왔다고, 대수롭지 않게 이야기한다. 올라오는 아가씨마다 눈에 띄는 선원에게 무조건 꽃다발을 안겨 주며 자기는 내 것이라고 큰소리로 방송한다. 다른 아가씨들이 접근하지 못하도록 큰소리로 방송하며 붙어 따라다니니, 선원들이 아무 일도 못 할 지경이다. 선원마다 아가씨들에게 붙들려서 꼼짝을 못 하니, 이런 난리가 어디에 있단 말인가. 선원은 24명인데 아가씨들은 어림잡아도 150명이 넘게 올라왔으니 난리도 이런 난리가 없다.

선원들이 전지작업(바다에서 생선 받아 싣는 작업)을 하면서 아닌 말로 뼛골 빠지게 고생해서 받은 수당이 개인당 4,500불씩(수당은 대리점에서 가져옴) 받았으니, 이 방콕에 이 난리가 그 6·25 전쟁 때의 그 흥남부두 철수 때는 저리 가라다…

시간이 지남에 따라 각자 싫어도 파트너 아가씨가 정해져 하역 준비하랴 아가씨 보랴 다들 바쁘다. 당직자들은 몸만 갑판에 나와 있지 맘은 모두 방에 있는 아가씨에 가 있으며,

방에 거금을 숨겨 놓았으니 걱정되어 침실에 들락거리고, 아가씨는 당직근무한다고 갑판에 나가서 딴 여자하고 밀회하는지 감독하기가 바쁘다.

사람 심리가 항상 남의 떡이 크고 먹음직스러운지라, 당직근무한다고 갑판에 나온 선원을 차지 못한 여자들이 가만히 둘 일이 없다. 짬을 내어 다른 여자와 화장실에서 샤워장에서 하고 나오는 등 요지경이다. 저녁 먹기가 무섭게 다들 가이드 겸 파트너들을 끼고 상륙들 하는데, 어떤 사람들은 시장으로 어떤 사람들은 클럽으로 아가씨가 가자는 대로 따라 나선다.

나도 파트너가 자기 집으로 놀러 가자고 하여 따라갔는데, 그 아파트 전체가 몸 팔아 먹고사는 아가씨들이 살고 있다고 하니 역시나 방콕이 유명한 이유가 알 것 같았다. 배에 올라온 아가씨들은 파트너의 선원과 함께 아예 살림을 차리고 생활을 같이한다. 이러다 보니 돈을 도난당한 선원들은 어쩔 수 없이 가불해서 생활해야만 한다. 외인들, 그것도 몸 파는 아가씨들이 있으니 도난 사고가 나오는 것이다.

하역 작업하는 인부는 아가씨들에게 돈을 얼마나 받아먹었는지 하역도 세월아 네월아 가라며 천천히 작업한다. 그렇다고 그 누구도 하역을 빨리하라고 독촉하는 사람도 없다. 한

마디로 선원들의 돈을 다 뺏어 먹고 내보낼 심보로 짜고 고스톱을 친다. 칼만 안 든 강도가 바로 이곳이다. 결국 선원들이 돈 떨어지니, 선원들이 좋아서 떨어지기 싫다던 그 많은 아가씨도 무슨 썰물 빠지듯 다 떠나버린다. 돈을 사랑했지 결코 우리 선원들을 사랑한 것이 아니다.

출항할 때가 되어 엔진 테스트(배마다 출항 전에 꼭 엔진 테스트를 해야 함. 장기간 사용하지 않았으니 이상 유무를 확인하기 위해서)까지 마치고 있으니, 물에 빠진 생쥐 된 꼬마가 울면서 본선으로 올라와서 자기 뗏마(배)가 강에 가라앉았다고 엉엉 울어댄다.

이게 무슨 말인지…

확인해 보니, 이 꼬마가 아마 본선 선미의 스크류에 배를 붙여 놓고 있다가(선저 부분에 붙어있는 방충 방지 목적으로 붙여 놓은 납덩어리를 떼어 팔아먹으려고), 갑자기 엔진 시동과 함께 스크류가 회전하니 뗏마가 맞아 가라앉은 것이다.

물론 배마다 이런 사고를 막기 위해서 반드시 장애물이 있는지 확인 후 엔진 시동하는데, 이 꼬마가 마지막 돈까지 뺏어 먹을 목적으로 강물에 뛰어들었다가 올라와서 우는지 알 수가 없다. 이런 일은 보지도 들어보지도 못하고 처음 당해 보니 말이다.

출항 준비를 위해서 본선에 올라온 대리점에게 말하니, 이 대리점 선미 갑판에 '암차(스크류) 주의'란 경고문이 붙어있는지 확인해 본 후 붙여(배마다 경고문이 이런 사고를 예방하기 위해서 꼭 붙여 놓았음) 있으니 걱정 말라고 한다. 이 일로 출항이 취소되고, 잠수부를 불러서 꼬마가 타고 왔다는 뗏마가 있는지 확인 작업을 해야 했다. 잠수부가 물속에 들어가서 꼬마 말하던 두 동강 난 뗏마를 찾아내 부두에 끄집어냈다. 세상에 이런 일도 있다니… 엔진 테스트할 때, 선교에서 선미 쪽에 장애물 유무를 확인 후 엔진을 스타트하는데…

통상적으로 스크류가 있는 곳은 그 누구도 갈 일도 없고 또 위험하니 피하는데도 안쪽으로 들어가 선교에서 보이지 않으니 시동을 건 것이다. 이 꼬마 스크류 돌아갈 때, 안 맞고 살아남은 것이 참말로 기적이다. 대리점은 서둘러서 출항 수속 후 내려가며, 경고문이 붙어있으니, 아무 걱정 말라며 내려가니 우리는 당황스럽다…

연말을 보내며

어린 시절에는 연말이 되면 언제나 뭐가 그렇게도 좋은지 들뜨게 했던 12월이었다. 12월이 되니, 감자를 실으려 북아메리카의 오대양의 입구 쪽에 있는 시골의 항구로 가라 한다. 감자가 추운 북극에서 생산된다니 나로서는 깜짝 놀랐다.

이 추운 12월에 북쪽으로 항해가 가능할지도 궁금했지만, 가능하니 지시가 왔을 것이고, 우리는 감자를 실을 수 있도록 화물창을 깨끗이 청소했다. 특히 생선의 비린내가 나지 않도록 최대한 창의 바닥과 벽을 빡빡 문질러 낸 후, 젖은 화물창들을 드라이까지 동원해 말리니 적은 선원들을 데리고 고충이 이만저만이 아니다.

위쪽(위도 즉 북극 쪽으로)으로 올라갈수록 추워지고, 날씨도 나빠지니 서둘러서 해야만 한다. 항구에 도착하기 전까지 화물 적재 준비를 완료해야만 한다. 도착해서 검사관이 와서 화물창을 점검하여, 만약 미비하면 다시 청소하라고 하면 다시 해야 하고 그에 따른 막대한 하역 인부들의 경비 또 배 선원들의 인건비, 기름 소모 등으로 눈덩이처럼 경비가 불어난다. 선주가 좋아할 까닭이 있겠는가. 1등항해사는 책임을 면할 수 없으니 최선을 다하여 빈틈이 없도록 준비하고 입항해야만 한다.

휘날리는 눈보라 속에서 거친 파도에 배가 파도밭에 나뒹굴어질 듯이 기우뚱기우뚱하며, 때로는 선수가 파도를 타고 마치 미친년 널뛰듯이 하늘 높은 줄 모르고 하늘을 향해 올라가다 힘에 부친 듯이 '쿵' 하고 떨어진다. 선수 머리를 파도밭에 사정도 없이 팍 처박고 온 세상에 하얀 거품(물보라)을 내뿜어 댄다. 굉음과 함께 몸부림을 쳐대기를 반복하며(배가 공선이다 보니 가벼워서 생김), 요동치기를 반복하니, 골이 띵하며 밥맛도 다 떨어진다. 덕분에 배에 있는 이동물체들도 다 심한 몸살을 하고 선원들은, 그 난리에 속에서도 편히 쉴 수도 없지만, 이동물체들을 붙들어 매기에 바쁘다.

감자 두 번 다시 실었다가는 남아날 선원이 없겠으니⋯

오대호 입구 쪽에 가까워지니 파도가 언제 그랬냐고 하듯이 파도가 잦아져서 좀 살 것 같았지만, 온 세상은 하얀 눈이다. 강을 따라서 항구 쪽으로 들어가니 살얼음이 얼어있다.

들어갈수록 두꺼워지는 얼음이며, 얼음을 밀어내며 들어가는 배가 참 신기하고 대단하다. 부두에 배를 붙여 놓고 보니 강도 얼음으로 하얗고, 온 세상은 하얀 세상.

겨우 배 한 척 접안할 수 있는 조그마한 시골의 부두이다.

수속과 검사관들이 올라오기가 무섭게 "메리 크리스마스, 메리 크리스마스!" 외친다. 또 수속을 마치자 주민들이 선물 보따리들을 들고 올라온다. 역시 메리 크리스마스다. 이곳에 와서 크리스마스 때 선물을 주는 이유를 알 것 같았다. 그 먼 옛날 개척자들이 신대륙의 꿈을 찾아서 긴 항해를 했을 것이고, 그러다가 운 좋은 개척자들은 무사히 신대륙을 잘 밟았을 것이고, 재수도 억수로 없는 개척자들은 우리가 여기 올 때처럼 거친 풍랑 속에서 좌초되었을 것이다. 이 추운 겨울에 좌초된 선원들을 위해서 선구자들이 옷과 음식들을 가져다주었을 것이고, 이것이 크리스마스의 선물의 기원이 되었을 것이다.

아직도 열흘가량 남았지만 선원들을 진심으로 소박하게 맞아주는 주민들이 퍽이나 인상적이다. 이렇게 추운 시골에서 감자를 수확하여 수출한다는 것이 도무지 믿기지 않는다. 하역인부들이 각 화물창을 열고 드럼통에 구멍을 큼직하게 뚫어서 마른나무를 대여섯 개씩 집어넣고 불을 지핀다. 날씨가 추워서 감자가 어는 것을 방지하기 위해서 불을 피워서 창의 온도가 영상이 되도록 해 놓고, 감자를 싣기 시작한다.

시골이다 보니 하역이 매우 느리며, 크리스마스와 연말이 되다 보니, 더 느려진다. 갈수록 날씨도 추워지고 강은 얼음이 두꺼워지는데, 들어올 때도 배에 밀려 깨지는 얼음 소리가 요란했는데, 제대로 출항할 수 있을까 걱정되는데… 매일 저녁 주민들이 크리스마스 선물을 가져다주며, 크리스마스 날 저녁에는 우리 전 선원들을 교회에서 초대한다.

부두 앞에 있는 마트에서 우리도 간단한 선물도 준비해서 초대소로 가면서 보니 드문드문 떨어져 있는 집마다 다 불을 밝히고 트리들을 예쁘게 장식해 놓았다. 파티장에 도착해 보니 주민들이 생각보다 많이 모여 있으며 테이블마다 음식과 과자 포도주 등이 푸짐하게 있으니… 다양한 감자의 요리에 푹 빠진다. 이런 곳에서 감자가 생산될 수 있는 것은, 아마도 이곳의 비옥한 땅이다 보니, 큰 감자가 생산될 수 있을 것 같았다.

주민들은 동방인들을 위해서 합창도 불러주고 장기자랑도 선보인다.

해서 우리도 연단에 올라가서 마술을 펼쳐 보인다. 대한민국은 고스톱 공화국인지라 화투짝 안 보고 맞추기, 바늘 씹어 먹기 등(동대문 시장에서 원단장사를 하면서 길거리의 야바위꾼들에게 배웠음)을 보여주니, 열광의 도가니로 후끈 달아오르며 브라보! 브라보!!

이러다 보니 주민들과 선원들이 하나가 되고 캐롤송까지 합창하다 보니, 이 시골 항구를 선원들이 완전히 접수했다.

마을 사람들은 선원들을 기꺼이 집으로 초대해 준다.

연말까지 잘 보내고 새해가 되었지만 하역은 더디기만 하다. 특히 시간이 갈수록 얼음이 더 두껍게 얼어서 출항도 못하게 될지 걱정되었지만, 이들은 걱정이 없다. 하기사 이들은 이런 악천후 속에서 생활하며 숱한 경험들이 축적되어 있으니, 이런 일쯤은 아무것도 아닐지도 모른다.

매서운 혹한 날씨 속에 출항!

두껍게 얼어있는 얼음에 무사히 출항이 될까?

특히 두꺼운 얼음에 스크류가 온전히 견디어 낼지, 여러 가지로 걱정이 되었지만, 쇄빙선처럼 만든 터그 보트(배가 부두에 접안할 때, 배를 끌어당겨 접안시켜 주는 강력한 힘을 가진 작은 배임)가 와서, 본선의 주위 얼음들을 깬 후, 본선 엔진을 스타트하며 조심스럽게 출항한다. 짧은 시간 동안에 깊은 정이 든 선원들이 떠나는 이별의 손수건들을 흔들어 주는 주민들이 감사할 뿐이며 아직도 소박하게 사는 이들이 부럽다.

배는 화물(감자)을 만선으로 실었으니 배가 깊게 가라앉아서 얼음을 밀어내며 나가니, 얼음 깨지는 소리가 요란하게 진동하며 대양을 향해서 전진한다. 배가 지나온 자리만 얼음들이 깨져 긴 항적을 보여주고 있으며, 멀어져만 가는 정든 시골의 주민들이 아직도 손을 흔들고 있다.

감자를 주식으로 하는 북유럽에서 하역하고 보니 어느덧 계약 만료로 귀국할 때가 되었다. 나올 때, 마누라의 돈타령에 봉급은 한 푼도 가불하지 않고, 마누라가 장사하는 데 조금이라도 도움이 되라고 전액을 송금했다. 그래서 선상 생활에 어려움도 많았지만, 가족을 위해서는 이런 일쯤은 기꺼이 감수해야만 했다.

드디어 김해 공항으로 귀국!

그 1년 동안 바다에 나가 무사고로 무사히 귀국할 수 있다는 것만으로 감사할 뿐이다. 같이 승선했던 선원들은 그동안 이날만 손꼽아 기다린 것이 아닌가.

1년 동안을 그리운 내 고향을 베개 삼아 잠을 잤던 선상 생활. 부푼 가슴으로 밟아보는 내 조국의 냄새가 아니었던가.

김해공항의 입국장의 출구에 나오니, 선원들의 가족들이

나와서 반갑게 맞이하는데, 난 1년 동안 잊어본 일이 없던, 보고 싶었던 처자식의 얼굴이 없으니… 나도 연락했으며 또 회사에서도 귀국자들의 가정에 날짜와 시간 등을 다 통보해 주는데… 입국하자마자 불길한 예감이 스친다.

혼자서 부산역으로 가서 기차를 타고 서울역에 밤 9시경에 도착하여 집에 전화했다. 아들이 전화를 받아서 "아빠 서울역에 도착했다!" 하니, 아들이 너무 좋아서 "아빠!" 하고 외치며 너무 좋아한다. 택시 타고 집에 갈 테니 집이 어디냐(승선 중에 집은 이사했음)고 물으니, 애 엄마가 전화기를 뺏어서 통화를 끊어버린다.

졸지에 서울역까지 와서 오가지도 못하는 처지가 되어버렸으니…

분노의 눈물인지, 서글픈 눈물인지 흘러내리는 눈물이 앞을 가린다.

한 시간가량을 멍청히 서서 있는데 애 엄마가 택시에서 내리며, 애도 데리고 왔다.

애가 나의 전화를 받고, 아빠가 서울역에 왔다며 한밤중에 생떼를 쓰며 서울역에 가자며 울어대서 동네 창피해서 별수 없이 나왔다니… 이런 말을 하는 애 엄마의 말에 귀국한 기쁨보다, 피가 역류하지만 애 앞에서 어찌하겠는가…

집에 도착하니 처가 식구들이 다 집을 차지하고 있으며, 안방은 장모님이 차지하고 계시니, 나는 골방으로 가서 쪽잠을 자야만 했다. 아들은 아빠와 함께 잔다고 아빠 곁으로 오지만, 내 괴나리봇짐 놓고 나 하나 눕기도 좁은 골방인지라 여의치 않아서 겨우 달래서 엄마와 자도록 해야만 했다. 집에 왔지만 짐승이 아닌 이상 잠이 올 리가 없다. 아내와의 갈등으로 서로 떨어져서 생활해서 반성도 하고 서로 소중함을 느끼고 재도약의 기회로 삼으려고 재승선을 했는데, 아내는 오히려 이때를 이용해서 처가 식구들을 다 불러들였던 것이다.

다음 날이 되자, 처가 식구들이 무슨 밀물처럼 다 빠져나가 버리고 애하고 나하고 둘만 남았다.

애를 유치원에 데려다주고 애 엄마를 찾아나섰지만, 가게는 점원에게 맡기고 남대문 시장에서 거래처에서 수금하고 사라지면 종무 소식이다.

이러고 다니면서 남대문 시장에서는 바람피우며, 동대문 시장에서는 장사 끝나면 저녁 늦게까지 술을 마시고 다녔다. 아파트도 한 채를 사 놓았다고 하여 수소문하여 찾아보니, 내가 승선 중에 외항선원들에게는 특혜(외항선원들에게는 딱 한 번만 기회를 주는 외화벌이를 한다고 아주 싼 이자로 대출해 주었고, 적금통장이란 것을 만들어서 비싼 이자를 줘서 목돈을 만들도록 하는 특혜도 있었음. 이런 것이 있다는 것은 귀신처럼 알고, 나도 몰래 회사에 연락하여 서류를 해달라고 하여 샀음)를 이용하여 사 놓고 전세를 주고 있었으니…

그러니 내가 다시 배 타러 나갔을 때, 기회는 이때다 하고 친정집에서 놀고 있는 친정 식구들 다 불러들여 이사하고, 작은 처남을 나를 대신하여 가게에 앉히고, 큰 처남은 결혼시켜 택시 운전을 시킨 것이다. 할아버지는 자식(장인)이 임종한 후 6개월 만에 혼자서 너무나 외롭게 돌아가셨다.

할아버지가 아파 누워 있어도 손주(처남들)가 있고, 며느리가 있어도 들여다본 사람이 없었겠는가? 성당의 교우들이 들여다보다가 죽으니 시신까지 성당의 교우들이 보내야만 했다. 그러니 어떻게 고향에서 고개를 들고 살 수 있겠는가.

그리고 아내는 처제와 장모에게 어린애를 보도록 했고, 걱정 없이 퍼마시고 늦게 귀가한다고 동대문-남대문 시장에 소문이 쫙 퍼져 있으니… 친정의 시골 고향에서 소문이 더럽게 나서 창피해서 더는 살 수 없으니, 모두 정리를 하고 서울로 올라와 살고 있었던 것이다. 그러니 내가 다시 배 타기 전부터 전화가 자주 왔는데, 그때마다 내 눈치를 보며 오랫동안 통화했던 것이다. 이러니 옆에 있는 내가 처가 식구들에게는 얼마나 눈엣가시가 되었겠는가.

이런 상황에서 내가 나타나니 어린 자식만 남기고 마치 생쥐 도망하듯이 다 도망한 것이다…

부글부글 끓는 피가 전신을 역류하지만, 애 아빠이며 장인 어른 임종하실 때, 아들(처남들)이 있는데도 오직 내 손을 꼭 잡고 '미안하지만, 마지막까지 딸을 잘 부탁한다'고 하지 않았는가.

사나이 대 사나이로 굳게 임종 때 맹세하지 않았는가?

같이 살아보겠다고, 무슨 바보처럼 봉급도 가불 한 푼 않고 다 송금해 주었으니… 우선 당장 주머니에 돈이 없다. 부자(父子)가 끼니를 걱정해야 하니, 빨리 애 엄마를 찾아야만 했다. 나야 그렇다 치고, 어린 자식은 무슨 죄가 있는가. 애를 유치원에 보내 놓고, 애 엄마를 수소문해서 정신없이 발품을 팔아 찾아다니다, 오늘도 헛걸음하고 해가 졌다. 유치원 끝나고 집에서 혼자 놀고 있을 애 때문에 귀가하여 집에 들어서니, 우편함에 법원에서 이혼 소송 계고장이 날라와 있지 않는가.

이제는 그 잘난 처 덕분에 법원까지 들락거리면서 다녀야 하니, 생각만 해도 미치고 환장할 노릇이다. 불난 데 부채질까지 숨어서 하고 있으니…

다 죽어가는 것을 살려 놓으니, 이럴 수가 있는가… 내가 남들처럼 술 마시고, 노름이나 하여 탕진하고 계집질이나 하고 다닌다면 또 모르겠는데…

생각만 해도 천불이 나 머리가 터져버릴 것 같다.

이 여자는 '여자들의 인권을 변호한다'고 방송에 출연한 변호사를 선임까지 했다. 장인 임종 시 장인과 내가 약속하는 것을 본 처남들인지라 쉽게는 헤어지기는 어렵다는 것을 짐작하고 아예 유명한 변호사를 선임한 것이다. 내가 그 검푸른 파도밭에서 그 고생하며 보내주었더니 그 돈으로 이혼 소송하고 변호사까지 선임했으니… 이런 끔찍한 일까지 당할 줄이야.

난생처음으로 아내 덕분에 가정법원이란 곳을 들어서니 기가 막혔다.

나 혼자 재판하는 것이 아니라 방청석에 사람들이 꽉 차 있는 곳에서 우리 가정의 제일 치사스러운 일의 치부들을 서로 잘 까발려야만 하다니… 사람이 살면 얼마나 산다고 이렇게까지 하면서 살아야만 하는 것일까? 처는 돈이 있으니 법정에 얼굴도 내밀지 않고, 변호사만 참석하고, 나는 변호사 선임할 돈도 없으니 몸으로 때워야 했다. 그러니 망신은 다 내 몫으로 돌아오고… 이혼 사유는 폭행하여 살 수 없다는 것이다. 그러면 나는 그 사유를 그 많은 방청석 앞에서 그 설명을 해야 했다. 그 설명이 끝나면 다음에 언제 오라고 통지서가 날라왔다. 이게 하루 이틀도 아니니, 애도 있고 또 당장 먹고사는 게 나로서는 큰 문제였다.

복수의 칼을 갈다

 당장 돈 한 푼 없으니, 법원의 이혼 문제보다 우리 부자의 민생고부터 해결하기 위해서는 빨리 처를 찾아야 했다. 신물이 나도록 수소문해서 쫓아다녀야만 했으나 오늘도 헛걸음으로 귀가하던 차, 아랫집 아줌마가 뛰쳐나왔.
 오랫동안 기다렸다며, 애가 유치원 다녀와서 골목길에서 놀다가 넘어져 다리가 부러져 대학로에 있는 병원에 있으니 빨리 가 보라고 말을 한다. 이게 또 무슨 일인가 싶어 서둘러 대학로에 있는 병원으로 찾아갔다. 병원에 들어서니 애가 간호사를 붙들고 "아빠 돈 없으니까 그냥 집에 보내주세요"라며 울고 있었다.
 이 어린 것이 오후 3시부터 집에 보내 달라고 지금까지(오후 6시가 넘었음) 애원하며 울고 있었다니…
 하지만 병원에서는 애를 보내면 치료비를 받을 길이 막막

하니 애를 붙잡고 있었던 것이다.

　세상에 이런 끔찍한 일을 당하니, 하늘이 노래졌으며, 끓어오르는 분노에 치가 떨렸다. 이 어린 것이 자신의 다리 부러진 통증보다, 아빠가 돈이 없는 것을 더 걱정해야 하다니…

　우선 급한 대로 주머니에 있는 돈을 털어서 치료를 내고 보니, 그야말로 빈털터리라 택시 탈 돈도 없어서 애를 업고 병원을 나섰다.

　걸을 때마다 애는 그 충격에 까무러치며 울고 나는 분노의 눈물을 흘렸다. 그렇게 대학로의 넘쳐나는 인파를 헤집으며 부자는 걷잡을 수 없이 떨어지는 눈물을 밟으며 걸었다. 쉬엄쉬엄 쉬면서 집까지(성대 앞) 겨우 갔다.

　우선 처의 소재를 모르고 상황은 급하니, 큰 처남 집에 전화해서 애가 넘어져 다리가 부러져 치료비가 급하니 돈 좀 보내 달라고 연락하고 기다릴 수밖에 없었다. 저녁 9시 반 경에 큰처남하고 장모가 찾아와서 애 다리 부러진 것을 확인하고는 돈 한 푼도 주지 않고 그냥 가버리니… 큰처남도 애를 기르는 애 아빠이며, 장모도 애를 기른 엄마인데 이럴 수 있단 말인가.

　인간의 탈을 쓰고 열심히 천주교 믿은 사람이라며 말해 왔던 사람들인데 이럴 수가 있단 말인가?

기가 막혀 할 말도 없었다. 이런 인간들은 그냥 둘 수 없었다. 애를 잠재운 후에 밤새워 이를 갈며, 이런 개돼지보다 못한 인간은 죽여 마땅한지라 식칼을 밤새워 시뻘게 갈고 갈아 날(면도가 될 수 있도록)을 세웠다. 이 인간의 탈을 쓰고 버젓이 사는 이 악마를 이 사회에서 영원히 없애기 위해서…

다음 날부터는 애를 집에 두고, 걷잡을 수 없는 심한 분노로 숯덩이 타는 가슴에, 새까맣게 낀 기미의 얼굴에 빨갛게 충혈된 눈으로, 시퍼렇게 날이 선 칼을 품고 처를 찾아 헤맸다.

이 악마를 보자마자 여러 소리도 필요도 없고, 그 자리에서 악마의 가슴을 찌르기 위해서…

결국 학교 졸업 후 처음으로 부모님에게 전화하여 돈이 좀 필요하다고 했다(애 치료비와 생활비). 두말도 없이 보내줬다. 그런데 이 악마는 나와 숨바꼭질만 하니, 더 미쳐 쓰러질 것 같다.

남대문시장 가서 수소문하면 조금 전에 왔다가 갔다고 하니 서둘러서 다닐만한 옷가게와 인파 속을 주시하며 잰걸음으로 쫓아가게 되지만 오리무중이다. 가게에 가도 점원이 금방 왔다가 나갔다 한다. 환장하고 미칠 노릇인데 더 열만 받는다.

재수 없는 사람은 정자 밑에서 깨닫다

애가 다친 후 일주일이 된 후, 애를 재우고 저녁 10시경에 뜬금없이 갑자기 집에 처가 들어오지를 않는가! 죽으려고 제 발로 걸어 들어오다니…

이런 기회가 오는데, 괜히 날마다 헛발품만 팔고 헤맸으니…

여러 말도 필요 없다. 방에 들어선 애 엄마는 직감적으로 살기를 느끼고, 내가 집에 들어오면 애가 쉽게 보이지 않게 깊게 숨겨둔 칼을 가지러 가는 사이, 장사꾼 눈치 9단이 되어 귀신같이 걸음아 나 살려달라고 필사의 삼십육계 줄행랑을 친다. 나도 서둘러 칼을 들고 뒤쫓아 나왔는데, 도무지 보이지 않는다. 이 골목길을 저 골목길을 찾아봐도 보이지 않으니, 환장할 노릇이다.

그렇다고 식칼을 들고 인간의 탈을 쓴 악마를 잡는다고 미친놈처럼 골목길을 뛰어다닐 수도 없고 또 집마다 뒤지고 다닐 수도 없으니…

결국 바보처럼 인간의 탈을 쓴 악마를 놓치고 말았다.

화가 치밀어 올라서 도저히 잠을 수도 없다. 애는 자고 있으니 밖으로 나가 성균관대 운동장 정자나무 밑에 앉아서 숯덩이처럼 새까맣게 타는 가슴을 담배로 달랜다. 그래도 분이 사그라지지 않고, 절호의 기회를 바보처럼 놓친 것이 더욱 열난다. 담배 한 갑을 다 태우고도 모자라서 다시 한 갑을 더 사서 태우다가 갑자기 엉뚱한 생각이 든다.

또 내가 남의 목숨을 빼앗으면, 내 목숨은 필히 내놓아야 하는 것이 도리이며… 이런 격분으로 충동적인 살인까지 한다는 것을 체험으로 알게 되었다. 그리고 화난다고 술을 마시면 일을 저지르고, 나같이 담배를 태우면서 살인도 예방할 수 있다(처칠, 등소평 등 골초들은 사실 장수했음).

다른 이유보다도, 자식 걱정이 컸다. 내가 저 짐승보다 못한 저 인간을 죽이면, 내 자식은 피지도 못한 꽃이 되어 맘의 상처로 제대로 결국 나락으로 떨어질 것이다. 또 내 부모님은 그 고생하며 키워놓고 죽을 때까지 '살인자의 애비'란 말을 듣고 살아야 한다. 죄 없는 형제들도 죄인처럼 손가락질 받으며 살게 될 것이란 것을 깨우쳤다. 무엇보다 중요한 것은, 그냥 재수 없이 다친 것이 아니라, 애가 다리를 다친 것은 우리의 마지막의 기회를 준 것이지만, 애 엄마는 마지막의 기회마저 걷어차 버렸다.

 석가모니는 보리수나무 밑에서 깨달아 큰 사람이 되었는데, 나 같이 재수 없는 사람은 보리수나무가 아닌 하필이면 정자나무 밑에서 깨달아서 별 볼일도 없는 인간이 되었나 보다.

 그러고 보니, 애 엄마가 그동안 내 눈에 안 띄게 잘 도망 다닌 것이 이제는 참말로 고마울 뿐이다. 만에 하나 눈에 띄었다면 그 순간 끝이었는데…

 우선 당장 그 시뻘건 식칼을 성대의 담 밑에 버리고, 집에 들어가니 새벽 3시가 넘어있다.

뺏겨버린 하나밖에 없는 아들

　당장 나도 자식이 있는 한 밥 먹고 생활해야 하니, 애들 데리고 시골의 부모님 댁에 내려가서, 차마 그동안 말 못 했던 나의 고충을 다 말씀드리니, 우선 먹고살 돈도 챙겨 줄 것이며 이혼하라고 하신다. 그리고 이어지는 긴 한숨…

　자식은 부모가 길러야 한다는 말이 있지만, 나는 배운 것이 도둑질이라고, 아들은 부모님께 부탁하고 재승선할 수밖에 없겠다고 말씀드렸다.

　자식들 다들 걱정 없이 사는데 나만 항상 외톨이가 되어 바다로 떠다녀서 비바람만 불어도 걱정하다가 어렵게 결혼을 시켰는데… 이게 또 어깃장 나니 하늘이 무너지는 심정을 그 누구에게 하소연할 수 있단 말인가?

　그 누가 부모의 마음을 헤아릴 수가 있단 말인가?

이혼

 서울에 올라와서 그 잘난 인권 변호사를 찾아가 합의 이혼하겠다고 하니, 후에 연락하면 오라며 덧붙이길, '애는 애 엄마가 키워야 한다'고…
 이게 무슨 소리인지. 애를 애 엄마를 주면 내 새끼도 또 홀트에 보내 입양 보낼 것이 아닌가?
 그리고 애 엄마에게 애를 주면 서울에서 잘 배울 수는 있을지 모르지만, 처가 식구에게 제일 중요한 인성을 배울 것이 하나도 없다는 것을 잘 아는 나다. 그렇게 처에게 철저히 당한 당사자인데 그 어찌 아들을 줄 수 있겠는가. 차라리 시골의 부모님 댁에서 건강히 자랄 수만 있으면 되지 않는가?
 해서 난 다 포기해도 애는 그런 집에는 절대로 아들을 줄 수 없다고 완강하게 거절하고 합의 이혼을 하게 되었다. 그리고 아직도 마음속에 응어리로 맺힌 한 가지… 장인과 임종

시의 약속을 지키지 못한 자괴감에 눈물이 난다.

 비록 나는 결혼 십 년 만에 빈털터리가 되었지만, 그래도 듬직한 아들이 있으니 족하다. 비록 못난 애비 때문에 어린 것이 상처를 받았지만. 부모는 손주를 한숨과 눈물로 키워야 했으며, 자식들 다 키워놓고 노인이 되어 자식(손주) 하나를 또 키우는 처지가 되었으니 오죽하랴…

 애가 학교를 보내 놓고 보니, 어버이날에는 죽어도 학교에 가지 않는다.

 다른 애들은 부모들이 참석하는데, 손주만 아빠 엄마가 없으니, 아예 어버이날에는 결석하는 어린 것…

운명의 장난

승선하는 중에 휴가를 나와서도 쓰린 가슴을 잊기 위해 나이트클럽에 가서 술과 여자로 밤새도록 시간을 보냈다.

영업시간이 끝나서 나와 덜 깬 술을 깨우기 위해서 신성한 새벽 공기를 마시며 걷다 보니, 이 이른 시간부터 마치 아버지께서 농사일하실 때 새벽부터 부지런히 논을 둘러보듯이, 밭에서 여자가 꽃묘종을 돌보고 있다.

이렇게 아버지처럼 성실히 사는 여자도 있다니… 난 이 시간까지 술 마시고 놀기만 한 것이 부끄럽고 만감이 교차한다.

너무도 감동적이어서 도대체 어떤 여자인지 확인해 보고 싶어서 일부러 쫓아가서 "수고하십니다." 하고 인사를 했다. 인기척으로 깜짝 놀란 아줌마가 일어서다 놀라고…

나 역시 전기에 감전된 듯이 깜짝 놀라야만 했다.

여기서 이렇게 만날 줄이야…

참, 세상 너무나 좁다.

이 여자는 국민학교와 중학교를 함께 다녔던 친구였다. 한눈에 서로 알아봤다. 이게 어찌 된 일인지, 서로 당황스러우면서도 반가웠다. 서로 소문으로 알기로는, 나는 동창이 시집가서 애 낳고 잘살고 있다는 것이었고, 또 동창은 내가 외항선 선원으로 배를 타고 있다는 소문만 들었을 뿐이다.

서로 어떻게 여기를 왔는지 물었다.

저기 위에 있는 바에서 술 마시다가 영업이 끝나 내려오다가, 이른 새벽부터 밭에서 일(아버지처럼)하는 여자가 있다는 사실에 충격받아서 와봤다고 했다(이후로 술은 더 이상 마시지 않았음).

동창은 "아니, 술 취한 사람이 이런 하잖은 것을 보고 감동한다고?" 어이없어한다. 하던 일을 멈추고 술 취한 나를 위해서 유명한 해장 콩나물국밥집으로 데리고 가서 서로 지나온 이야기를 주고받다 보니, 이 여자는 또 무슨 운명의 장난인지 모르겠지만, 큰형님의 친구분에게 시집을 갔으니… 이제는 졸지에 친구가 아니라, 형수씨라고 불러야만 되었다.

현재는 꽃 가게를 하고 있으며, 밭에는 곧 출하할 것이 있기에 아침 일찍 나왔단다. 반갑고 서로 기쁘지만, 이게 졸지에 친구가 아닌 형수씨가 되어 버렸으니…

나는 휴가를 왔기 때문에 시간이 있으니, 내가 형수씨를 보고 감동했으며 일손이 필요하면 도와줄 수 있으니, 추호도 부담을 갖지 말고 미리 연락만 달라고 한 후 헤어졌다. 하필이면 그 많고 많은 사람 중에 큰형님과 아주 친한 친구분에게 시집을 가서 형수님이 됐는지…

가끔 연락이 오면 기꺼이 본심으로 도와(주로 차가 있으니 먼 거리 이동 시)주면서 보냈다. 하루는 서해고속도로를 따라서 내려가다가 광주를 지나 무안에 좋은 물건이 있으니, 미안하지만 갔다가 올라오자고 하여 드라이브도 할겸 내려갔다. 화창한 봄 날씨에 신나는 드라이브로 남해고속도로를 달렸다. 살아온 추억을 얘기하다 보니 무안에 도착 되어 정원수와 화분 등을 구입한 후, 서로 모처럼 내려온 김에 목포의 유달산까지 가서 구경하고 올라가자고 하여 목포까지 와서 구경하다가, 늦은 저녁을 먹고 나니 어두워졌다.

사람이 살다 보면 말을 안 해서 그렇지 그 누구나 사연이 없는 사람이 없듯이 이 형수씨가 되는 동창 친구도 너무나 구구절절했다.

저녁밥을 먹으며 술 한잔을 하고 싶었지만, 야간 운전을 해야 하고 또 형수이자 친구를 안전하게 집까지 데려다가 줘야 할 의무가 있어서 술은 서로 입에 대지도 않았다. 부모가 술을 마시지 않으니 자연히 그 자식들도 술과는 거리가 멀고, 이 형수씨도 술을 마시지 못하니 맛있는 사시미와 밥을 먹은 후 출발했다.

서해고속도는 야간이고 왕래하는 차도 별로 없었다.

깜깜한 고속도로 길을 달리다 보니, 뒤쪽에서 멀리서 택시 한 대만 따라올 뿐이다.

황천길

 달리다 보니 갑자기 차가 붕 뜨며 밀려 나간다. 순간적으로 급브레이크를 밟았으나, 차는 그대로 밀려 나가며 중앙분리대를 들이박고 엎어지고 말았다.
 눈 뜨고 보니 차는 불이 붙어 활활 타며 어두운 밤을 밝히고 있으며, 전신의 심한 통증에 까무러치기 일보 직전이었다. 정신이 몽롱한 상태에서 희미하게 들리는 소리⋯ 젊은 사람들이 쌍욕을 하며 울부짖으며 거꾸로 엎어져 있는 나를 꺼내기 위해서 사투를 벌이고 있었다. 안전벨트를 매고 있어서 잘 꺼내지지 않는 모양이었다. 꺼낸 후 빨리 구급차를 불러야 한다고 소리치니, 마침 저 아래 다리 밑에 구급차가 있다고 하는 말을 듣고 또 통증에 까무러친다.
 또 깨어보니, 경찰 2명이 와서 음주 측정한다고 극심한 통증에 몸부림치는 사람을 빨리 후송 보낼 생각은 추호도 없고, 마치 무슨 기계처럼 음주 측정을 하기 위해서 거머리처럼 붙들고 늘어졌다. 또다시 극심한 통증으로 까무러쳤다. 또 깨어나 보니 훨훨 타는 불빛 속에서 형수이자 친구는 아스팔트 위에서 나뒹굴고 통증에 발버둥 치는 모습을 보다가 또 까무러친다.

어두운 터널을 걸어가는데 앞에 노인 두 분은 지팡이를 짚으며 오손도손 이야기하며 걸어간다. 노인과 나는 같은 거리를 유지하며 그냥 막연히 따라서 한참을 걸어가고 있다. 마치 걸어가는 노인의 길에 방해라도 될까 봐 터널 옆으로 쪼그리고 있는 네 분의 할머니들이 나의 과거(나로서는 전혀 모르는 할머니들인데도 나의 과거를 다 알고 있었음)를 이야기하며 착하게 살아왔으니 보내주라고 할아버지에게 애원했다. 그러자마자 통증에 몸부림친다. 이 상황이 꿈인지 생시인지 혼란스러웠다.

사고 현장에 병원이 있는데도 먼 곳으로 이송을 하고 다른 구급차 속에서 까무러치고 만다. 통증에 몸부림치며 발버둥을 쳐대니, 커다란 형틀 같은 병원용 철제로 된 것에 꼼짝 못하게 사지를 묶어 컴컴한 창고 같은 곳에 처박아 두고 문을 닫아버린다. 붙들린 형틀에서 통증에 몸부림치다가 까무러치기를 반복할 뿐이다.

새벽 3시경에 경찰로부터 셋째 아들이 교통사고 나서 ○○병원의 응급실에 있으니, 보호자분은 빨리 병원으로 오라는 통보를 받고, 깜짝 놀라신 부모님은 즉시 큰아들에게 연락한다. 큰형은 잠자다 이게 참말인지 긴가민가하여 정신없이 내달려 왔다. 한 시간 가까이 달려와서 새벽 4시경에 응급실에 도착해 신분 확인 후, 그제야 수술하기 위해 컴컴한 곳에서 꺼내 수술하니…

사람이 통증에 죽어가는 데도 우선 사람부터 살려 놓고 보는 것이 아니라, 우선 돈부터(보호자) 챙기는 비인간적인 곳이 바로 대학병원이라니…

회복실에 누워있으니 큰형님이 들어와서 하시는 말씀 '장 파열, 골절, 머리, 발(어깨뼈, 팔 등 안전벨트를 맨 부분―순간적으로 급브레이크를 밟으니) 등'이 다쳤다며 우선 장 파열은 이제 지혈했으니 생명에는 지장이 없다고 했다. 입과 눈 그리고 귀만 빼고 온몸을 붕대로 칭칭 감아 놓아 미라가 따로 없다.

회복실의 많은 환자들도 새로 들어오는 환자가 붕대를 전신에 칭칭 감고 들어오니, 걱정스러운 눈으로 무슨 동물원의 원숭이 구경하듯이 본다.

나는 큰형에게 너무 미안하고 염치없어서 집에 들어가시라

권하니, 큰형은 그 와중에도 입원 생활하는 데 필요한 물품을 준비하고, 잠자다가 연락받고 놀란 부모에게 보고하기 위해 서둘러 집으로 내려간다. 누워 곰곰이 생각해 보니, 사고는 어젯밤 10시경에 발생했는데, 새벽 4시가 넘어서야 보호자가 나타나 수술한 것이다. 난 4~5시간 동안 그 무서운 통증에 사경 속에 헤매며 방치되어 있었다는 결론이었다. 대학병원이란 곳이 이러니 다른 병원은 생각해 볼 여지도 없었다.

잠을 자고 싶지만 멍멍한 머리로는 잠마저 잘 수 없었고 또 입실해 있는 환자마다 각자 괴상한 모습을 한 나를 응시하는 눈빛이 따가울 뿐이다.

아침 식사 시간이 되어 다들 식사를 하지만 난 생각할수록 치밀어 오르는 분노로 견딜 수 없었다. 목발을 짚고 용을 쓰며 원무과에 내려가서, 나를 구조해서 데리고 온 사람이 누구이며 연락처 등을 물었다. 하지만 모른다는 답뿐이다. 사고 현장에서 아주 가까운 거리에 있는 병원을 두고 응급환자를 먼 거리에 있는 이곳까지 이동하려면 적어도 구급차로 40분 이상은 걸렸다. 그 먼 거리까지 이송한 이유를 도저히 알 수가 없었다.

또 더 걱정되는 형수씨는 어디에 있는지 물어보니, 나 혼자 이곳 병원에 와서 모른다고 했다. 그럼 구급차를 물어보니,

내려놓고 가버려서 이것도 모른다고 한다. 도대체 아는 게 무엇이란 말인가?

　모든 것을 모른다고 하니, 무슨 수수께끼의 미궁 속에 빠져 내가 아직도 꿈속에서 헤매고 있나 싶다. 이런 일도 있는가 싶기도 하고, 분명 나를 불 속에서 구조한 사람이 있었는데 이 사람도 오리무중이다.

　침대에 누워서 있으니, 환자들이 무슨 군대에서 점호받듯이 각자 침실로 갔다. 의사란 사람이 환자들에게 현재 상태를 설명해 준다. 내 차례가 되었다. 위엄있게 닫아 온 의사와 간호사 왈 "어디가 아파서 입원했으며, 언제 입실했지요?" 하고 묻지 않는가? 아니, 순회 진찰하는 의사란 사람이 아무것도 모르는 나에게 물어보다니…

분노의 폭발

　당신이 나의 상태를 설명해 줘야 하는데 왜 나에게 물어보느냐고, 그동안 참았던 분노가 폭발(응급환자를 3시간 넘게 방치한 것도 모자라서 원무과에서는 모른다고 대답했으니)했다. 고래고래 고함을 지르며 목발을 집어 들어 때려죽일 듯이 날뛰니 옆에 있던 간호사가 깜짝 놀라서 붙잡고 주위에 있던 환자들의 보호자들이 달려들어 붙잡는다.
　환자의 돌발 행동에 기겁한 의사는 총알처럼 걸음아 나 살려라 하고 의사라는 그 기세등등 대단한 위엄도 잊고 줄행랑을 친다.
　갑작스러운 소란에 놀란 옆 동의 환자분 그리고 보호자들까지 쫓아와 이게 도대체 무슨 일인가 궁금해한다.
　무슨 대학병원이 이런지?
　순회 진찰을 하려면 미리 카드를 점검하고 나의 상태를 설명해야 하는데, 오히려 나에게 물어보다니 기가 막혔다…

대체 이런 의사들이 세상 어디에 있느냐고 고래고래 고함쳐 대니, 그동안 의사들이며 간호사들의 갑질이 빈번해서 부대끼고 있었던지, 환자들이 박수까지 치며 "옳소, 옳소!" 하며 웅성거리며 속 시원해했다.

이런 병원에 입원해 있고 싶지 않았다. 속에서 천불이 치밀어 올라와서 용을 써서 원무과에 다시 내려가서 차트를 달라고 하여 집에 가깝고 유명한 개인병원으로 내려가 버렸다.

이 병원에 도착하여 원무과에 차트를 제출하고 입원 수속을 밟는데, 의사란 분이 나의 이전 병원 차트를 들여다보고 하는 말이 "돈 빼먹을 것은 다 빼먹었구먼." 한다.

이렇게 대한민국의 최상류층이라며 자부하는 사람들의 사고가 이러니 쉽게 말해서 환자의 상태는 관심도 없고, 오직 돈 될 수 있는 것에만 관심이 있으니 즉 중이 염불에는 관심도 없고, 오직 잿밥에만 관심이 있는 것과 똑같다. 무엇을 기대할 수 있겠는가. 대학병원도 이러니 작은 병원들을 말해봐야 뭐하랴. 대학병원보다 좋겠지 하고 기대하고 왔는데 이곳도 역시나다. 그렇다고 화만 내봐야 나의 만수무강에만 지장이 초래되니 꾹꾹 참아야만 했다.

경찰 2명이 와서 사고 경위를 조사하지만 내가 아는 것은 붕 뜨고 그대로 중앙분리대를 들이받고 끝이다.

구조하는 분이 격분하고 불붙은 차 속에서 끄집어내고, 그리고 그 누군가 중간에서 불을 끄고 있다가 접근하는 나를 어떤 목적으로 밀어버려서 사고가 난 것으로 추정되니, 반드시 나를 구조한 사람을 찾아달라고 했지만 후에 돌아온 대답은 '확인이 안 된다'는 것이었다.

그럼 그 시간대에 고속도로 톨게이트를 통과한 차량들을 확인해 보면 알 수 있지 않느냐고 물으니, 이것도 확인해 봤는데 통과한 차량이 없다고 한다. 이게 귀신 곡할 노릇이다. 사고는 고속도로에서 났는데 통과한 차량이 없다니. 그럼 그 차량은 고속도로를 뛰어넘어 갓길로 도망했다는 말인가?

그리고 멀리서 뒤따라오던 그 택시(추측건대, 뒤에서 따라오다, 앞차가 갑자기 사고가 나 불붙으니 구조한 것으로 추정됨)는 또 어디로 갔단 말인가. 위험을 무릅쓰고 기를 쓰고 구조까지 하고, 연락처도 남기지 않고 무슨 연기처럼 사라지다니…

나는 보험처리 하면 되지만, 끝까지 남의 생명까지 위협하는 자는 끝까지 찾아서 죄의 대가를 치르게 하겠다고 강조했다. 끝에 가서 경찰이 같이 탄 형수씨와의 관계를 물어 사실대로 진술하니, 그 여자는 나보다 더 심하게 다쳤다고 말하며, ○○병원에 입원하고 있다고 한다.

이것도 모를 이유다.

같이 사고를 당했는데, 한 사람은 바로 가까운 병원으로 이송하고, 한 사람은 먼 타 대학병원으로 이송한 것이다. 둘이 꼼짝없이 불에 타 죽을 수 있었는데, 다행히 둘 다 생명에는 지장이 없다.

큰형님은 서둘러 집에 도착하여 시골에 계시는 부모님에 달려가 셋째 아들 상태를 대충 보고하고, 입원 중에 필요한 물품들을 차에 가득 싣고 바로 대학병원에 도착했지만, 동생이 사라졌으니…

집에 다녀오는 동안에 뭐가 잘못되어 죽어버려 시체실로 들어간 줄 알고 깜짝 놀라 순간 쏟아지는 눈물과 함께 소재를 물어보니, 의사하고 싸우고 퇴원해 버려서 어디로 갔는지 모른다고 하니… 너무나 어이가 없지만 그래도 살아있다는 사실만으로 한시름 놓았단다. 주변에서 이를 목격한 사람들이 똑똑한 사람이라고 칭찬까지 하니 놀란 가슴을 쓸어내릴 수밖에… 다시 집에 내려가서 소재 파악에 주력해야만 했다.

정말 팔자에도 없는 병원에 누워있으니, 병원 원장 왈 '상처는 시간이 가면 되지만, 몸속에 한 개도 아닌 6개의 사리는 어떻게 할 것이냐'고 물어본다.

이건 또 무슨 말인가?

내가 득도한 도승도 아닌데 사리란 말인가. 알고 보니 담석을 두고 한 말이었다. 이왕 사리(담석)가 생긴 것이니, 6개월 동안 주시한 후 결정하기로 하고 일단락했다.

형제들이 소문 듣고 앞다투어 면회를 오는데, 막둥이가 찾아와서 형님은 보험처리가 다 되고, 몸도 시간이 지나면 완쾌되니, 그 뺑소니 차를 꼭 잡아야 하느냐고 묻는다.

보험도 가입하지 않았을 것이고 또 돈도 없을 것이니 뺑소니친 것인데, 잡아봤자 영창에 보낼 일밖에 없으니, 잘 생각해서 그냥 내 과실로 처리하라고 하니…

나는 그런 불량한 놈을 선처하라고 한다며 꾸짖어 내보냈다.

그러나 이 말을 듣고 병실에 누워 곰곰이 생각해 보니, 이 뺑소니 친 젊은 사람(사고 시 나를 구조한 사람이 요즈음 젊은 사람들이고 "안 된다!" 울부짖으며 구조함)을 잡아봐야 젊은 사람 앞길을 틀어막을 것이다. 또 그 집 가족들을 생각해 보니, 동생 말이 옳은 것 같았다. 결국 경찰에게 내 과실 사고라고 진술해서 보험처리 완료되었다.

큰형님도 뺑소니를 잡기 위해서 사고 현장을 찾아가 보았단다. 불탄 현장은 처참했으며 불타 죽지 않고 살아난 것도 기적이라고 했다. 그런데 기적적으로 구조를 한 사람은 끝내 오리무중이었으니…

그리고 난 단언컨대, 그 친구이자 형수씨가 되어버린 동창을 이성 상대로 생각하고 손목을 잡거나 장난을 쳤으면, 모르긴 몰라도 아마 그 할아버지가 염라대왕의 세계로 데려갔을 것이다.

해서 서로 미안할 뿐이다.

나는 사고를 쳐서 미안하고, 친구이자 형수씨는 괜히 나에게 가자고 하여 사고가 나서 미안할 뿐이다.

부모님의 끝 없는 사랑

치료한다고 병실에 누워있으니, 소위 나이론 환자도 있으며, 심지어 돌격대(고의로 교통법규을 위반 차량을 쫓아가서 들이받고, 합의금 뜯어먹고 사는 사람 등)도 있으니, 나로서는 참 기가 찰 노릇이며 심지어 섬뜩해진다… 인생의 척도가 돈이 되다 보니, 수단과 방법을 가리지 않고 돈만 좇다 보니, 우리도 모르게 황폐해지지 않았나 싶었다.

하루는 원장이 불러서 그동안 검진한 결과를 설명하면서 재활운동도 하며 또 당료 증세가 있으니 검사해서 운동을 열심히 하라고 권한다. 그래서 긴 하천 길을 따라서 조금씩 조금씩 거리를 늘려 가면서 열심히 걷기를 하며 시간을 보냈다…

그렇게 긴 투병 생활을 마치고 형제, 친구들의 환영을 받으며 드디어 퇴원했다.

나로서는 배운 짓이 도둑이라고 다시 배 타러 가야 하니, 시간이 아까울 뿐이다. 회복되었으니 그동안 병문안해 주었던 친구들을 만나서, 사고 경위와 지옥인지 천당인지 모르지만 죽음의 문턱까지 다녀왔으며, 정말 살아가면서 남에게 피해는 주지 말고 살자며 다짐했다.

 브라보, 한 잔! 또 내일을 위하여, 한 잔!!

 늦게까지 친구들과 놀다가 귀가하면, 주무셔야 할 노부모님께서 무슨 일인지 동구 밖까지 나와계셨다.

 "무슨 일이 있어요?" 하고 물어보면

 "아니다, 아무 일 없다. 나이 먹어서 잠이 안 와서 바람 좀 쐬려고 나왔으니, 어서 들어가서 밥 먹어라."라고 하신다.

 "밥은 친구들과 먹었으니, 힘들게 준비해 둘 필요가 없다."고 하니,

 "아니다. 차려 놓았으니 한술이라도 뜨고 자라."고 하신다.

 하루 이틀도 아니고 외출하고 들어올 때마다 노부부가 꼭 동구 밖까지 나와 계시니…

 아차, 이런 미련한 곰탱이 같은 자식이 아닌가?

 그러고도 깨달았다고… 부모님의 무한한 자식 사랑이란 것도 모르고 다녔으니… 자식이 집에 와서 차 끌고 돌아다니다

가 교통사고로 기적같이 살아왔는데… 또 차를 끌고 다니니 무슨 사고가 난 것이 아닌가 하고 걱정이 되어 동구 밖까지 나온 것이다. 비가 오면 우산을 쓰고 나와서 기다리셨다. 자라 보고 놀란 가슴 솥뚜껑만 봐도 놀란다고, 차를 다시 끌고 다니니… 검푸른 파도밭에서 살아 돌아온 것만으로도 고마워서 차마 차를 없애 버리라는 말은 못 하시고…

이참에 차를 팔아 버리고 택시 타고 다닐 테니 일찍 편히 주무시라고 말씀드렸다. 그제야 얼굴이 환해지신다. 괜히 차를 팔아 버리라고 강요했으면, 50이 넘은 자식이 고분고분 말을 듣겠는가? 더구나 모처럼 온 휴가이며 차도 부모가 사주신 것도 아닌데…

부모님의 지혜로운 무한한 사랑에 그동안 쓰린 가슴이 녹아내려 얼굴에 새까맣게 낀 기미도 허물을 벗듯이 벗겨지고, 인간의 모습으로 이 세상을 걸어간다.

외화벌이

서성조 지음

발행처	도서출판 **청어**
발행인	이영철
영업	이동호
홍보	천성래
기획	육재섭
편집	이설빈
디자인	이수빈 | 구유림
인쇄	정우인쇄

등록 1999년 5월 3일
      (제321-3210000251001999000063호)

1판 1쇄 발행 2025년 12월 5일

주소   서울특별시 서초구 남부순환로 364길 8-15 동일빌딩 2층
대표전화 02-586-0477
팩시밀리 0303-0942-0478
홈페이지 www.chungeobook.com
E-mail   ppi20@hanmail.net

ISBN 979-11-6855-408-5(03810)

이 책의 저작권은 저자와 도서출판 청어에 있습니다.
무단 전재 및 복제를 금합니다.